Leibholz-Lincke, Die Regionalstadt

Die Schriften des Deutschen Instituts für Urbanistik sind aus der Schriftenreihe des Vereins für Kommunalwissenschaften e. V. Berlin hervorgegangen.

Das Deutsche Institut für Urbanistik hat seinen Sitz im Ernst-Reuter-Haus, Berlin 12 (Charlottenburg), Straße des 17. Juni 112.

SCHRIFTEN
DES DEUTSCHEN INSTITUTS FÜR URBANISTIK

Band 48

Die Regionalstadt

Zur verfassungsmäßigen Problematik
einer Gebietsreform im großstädtischen Ballungsraum

von

Gerhard Leibholz und Dieter Lincke

VERLAG W. KOHLHAMMER
STUTTGART BERLIN KÖLN MAINZ

Alle Rechte vorbehalten. © 1974 Verlag W. Kohlhammer GmbH, Stuttgart Berlin Köln
Mainz. Verlagsort: Stuttgart. Umschlaggestaltung: Christian Ahlers. Gesamtherstellung:
W. Kohlhammer GmbH, Grafischer Großbetrieb, Stuttgart. Printed in Germany.
ISBN 3-17-002180-X

INHALT

Einleitung 7

A. *Die Rechtslage nach dem Grundgesetz* 10
   I. Zum Begriff und zum Wesen kommunaler Selbstverwaltung 10
     1. Der Begriff der kommunalen Selbstverwaltung 10
     2. Zur Entwicklung der kommunalen Selbstverwaltung in Deutschland . . 13
     3. Die kommunale Selbstverwaltung aus heutiger Sicht 15

   II. Konsequenzen für den kommunalen Aufbau 23
     1. Existenzgarantie zugunsten bestimmter Arten von Selbstverwaltungskörpern 23
       a) Zum Wortlaut des Art. 28 Abs. 2 GG und zum Stand der Meinungen . 23
       b) Garantie der Gemeinden 25
       c) Garantie der Gemeindeverbände 26
         aa) Allgemeines 26
         bb) Garantie der Kreise 28
       d) Ergebnis 32
     2. Verfassungsrechtliches Gebot eines mehrstufigen kommunalen Aufbaus . . 33

   III. Konsequenzen für die Größe der kommunalen Körper 35
     1. Allgemeines 35
     2. Verbundenheit der Einwohner 37
     3. Bürgernähe der Verwaltung 38
     4. Zentralistische Tendenzen einer regionalen Lösung 41
     5. Ergebnis 44

B. *Die Lage nach Landesverfassungsrecht – dargestellt am Beispiel der Niedersächsischen Verfassung* 46

C. *Zum Umfang des Rechtsschutzes der Kommunen* 51

D. *Ergebnis* 57

Literatur 58

Abkürzungen 63

EINLEITUNG

Ungeachtet ihrer seit über vierzig Jahren immer wieder beobachteten Krisenerscheinungen wird die kommunale Selbstverwaltung mit gutem Grund nicht lediglich als die überlieferte Errungenschaft eines um die Mitte des vorigen Jahrhunderts erstarkten Bürgertums, sondern als ein Organisationsprinzip angesehen, das seine Aktualität über den politischen und gesellschaftlichen Wandel der Zeit hinweg bewahren konnte und auch in der Gegenwart zu den fundamentalen Leitprinzipien zählt, die dem Grundgesetz das Gepräge einer freiheitlichen Demokratie geben. Freilich scheint sich zugleich die Erkenntnis durchzusetzen, daß es in mancherlei Hinsicht eines Umdenkens bedarf, um die Bedeutung der Kommunen und ihre Aufgabe in einer sich verändernden Welt zu begreifen[1].

Diese Neubesinnung muß nicht zuletzt dem Aufbau und der äußeren Gestaltung der Kommunen gelten, die in dem Bestreben, den Aufgaben der Zukunft und den steigenden Ansprüchen der Bevölkerung gerecht zu werden, allenthalben nach neuen Organisationsformen suchen und dabei mitunter im Begriff sind, wie es scheint, völlig neue Wege zu gehen. So kommt es im Zuge der gegenwärtigen Verwaltungs- und Gebietsreformen überall zu Auseinandersetzungen darüber, ob bestimmte Gebietsänderungen oder Zusammenlegungen von Gemeinden oder Kreisen in Einklang mit der im Grundgesetz verankerten Garantie der kommunalen Selbstverwaltung stehen. Besonders scharf treten diese Probleme zutage in der Diskussion um die Schaffung neuartiger, als Verwaltungsregionen zu bezeichnender kommunaler Gebietskörperschaften von bislang nicht gekannten territorialen Ausmaßen, wie sie insbesondere im Umkreis großstädtischer Ballungszentren gefordert werden.

Solche Bestrebungen sind z. B. seit längerer Zeit im Raum Hannover zu beobachten. Über zehn Jahre lang hat sich dort der vielfach als das Modell eines kommunalen Mehrzweckverbandes angesehene „Verband Großraum Hannover" bewährt[2]. Lag dessen Schwerpunkt bisher auf dem Gebiet der regionalen Raumplanung, so wird auf lange Sicht daran gedacht, ihn mit umfassenden Zuständigkeiten

---

[1] Vgl. z. B. *Peter Lerche*, Zur Verfassungsposition der Landkreise, in: DÖV, Jg. 22 (1969), S. 46 ff., und *Ulrich Scheuner*, Zur Neubestimmung der kommunalen Selbstverwaltung, in: AfK, Jg. 12 (1973), S. 1 ff.

[2] Nach dem bisher geltenden „Gesetz zur Ordnung des Großraumes Hannover" vom 14. 12. 1962 (Nds. GVBl. S. 235) handelt es sich um eine „Körperschaft des öffentlichen Rechts mit dem Recht der Selbstverwaltung". Der Verbandsbereich erfaßte mit dem Gebiet der Stadt Hannover und dem der drei umliegenden Landkreise eine Fläche von etwa 2.300 qkm, auf der rund eine Million Einwohner lebten. Das Hauptorgan des Verbands, die Verbandsversammlung, wurde nicht unmittelbar von der Bevölkerung, sondern von den Verbandsgliedern, den 210 im Verbandsbereich liegenden Gemeinden und den Landkreisen, gebildet. Der Verband hatte keine Allzuständigkeit; sein Hauptzweck lag in der Raumplanung, daneben waren ihm eine Reihe von Durchführungszuständigkeiten zugewiesen. Im einzelnen vgl. *Karl Ahrens*, Das Beispiel des Verbandes Großraum Hannover, in: Die Verwaltungsregion, Stuttgart u. a. 1967, S. 41 ff. (Schriftenreihe des Vereins für Kommunalwissenschaften, Bd. 16); *Albert Nouvortne*, Das Gesetz zur Ordnung des Großraums Hannover als Teil des Kommunalrechts, in: DÖV, Jg. 16 (1963), S. 819 ff.; *Martin Neuffer*, Das Großraum-Hannover-Gesetz vor der Bewährung, in: DÖV, Jg. 16 (1963), S. 823 ff.

auszustatten und zu einer echten „Verwaltungsregion" zu machen. Ein erster Schritt in diese Richtung ist durch das am 30. Januar 1974 vom niedersächsischen Landtag verabschiedete, am 1. März 1974 in Kraft getretene „Gesetz über den Großraum Hannover"[3] getan worden. Neben einer drastischen Reduzierung der Zahl der Gemeinden enthält es die von vielen Verwaltungspraktikern geforderte Erweiterung der Verbandszuständigkeiten und — als ein kommunalpolitisches Novum — die Einrichtung einer unmittelbar zu wählenden Verbandsversammlung, eines kommunalen Parlaments also, das zwischen dem Landtag und den Kreistagen tätig ist. Umstritten ist, ob diese Konzeption, die an der Gemeinde- und Landkreisebene grundsätzlich festhält und damit zu einem *dreistufigen* kommunalen Aufbau führt, die endgültige Ordnung der Region Hannover darstellen soll. Namentlich über die Art der Eingliederung der Kernstadt Hannover mit ihren ca. 520 000 Einwohnern gehen die Meinungen auseinander. Nach den Vorstellungen der Opposition, aber auch der Landeshauptstadt selbst soll eines Tages an die Stelle des Verbandes eine *einheitliche,* wiewohl — etwa nach Berliner Vorbild — in sich dezentralisierte „Regionalstadt Hannover" treten. Andere wollen an einem *zweistufigen* Verwaltungsaufbau festhalten, der sich dadurch auszeichnet, daß oberhalb der Gemeinden nur noch die „Region" fungiert, die sämtliche überörtlichen Aufgaben wahrzunehmen hätte, während die Landkreise — und im Prinzip auch die Kreisfreiheit der Zentralstadt — fortfallen sollen.

Trotz ihrer erheblichen verwaltungsorganisatorischen Unterschiede liegen diese Modelle, was ihre verfassungsrechtliche Problematik anlangt, nicht allzu weit auseinander. Gegen die Schaffung einer zwei- (oder mehr-)stufigen „Region" und vor allem gegen die Schaffung einer einstufigen „Regionalstadt" wird gleichermaßen eingewandt, eine solche kommunale Einheit sei wegen ihrer Größe ein der Selbstverwaltung unfähiges „Mammutgebilde" und daher verfassungswidrig. In dem vorgesehenen Fortfall der zur Zeit bestehenden Kreise hat man ferner geglaubt, eine Verletzung der „Garantie der Kreise" sehen zu müssen. Beide Argumente sind nicht voneinander zu trennen. Sie sind nur verschiedene Aspekte der einen Frage, ob das Grundgesetz — um das Prinzip der kommunalen Selbstverwaltung durchzusetzen — eine bestimmte Typik der kommunalen Selbstverwaltungskörper fordert und damit insbesondere ihrer personalen und territorialen Dimension Grenzen setzt.

Die nachfolgenden Überlegungen gehen zurück auf ein Anfang 1973 erstattetes Rechtsgutachten, das sich mit den niedersächsischen Reformvorstellungen über eine Neuordnung des Ballungsraums um Hannover befaßte[4]. Sie erheben nicht den Anspruch, Wesen und Funktion der kommunalen Selbstverwaltung in einer Zeit des Wandels abschließend zu bestimmen, befassen sich vielmehr allein mit der verfas-

---

[3] Nds. GVBl. S. 60.
[4] Vgl. das Gutachten zur verfassungsrechtlichen Problematik eines Gesetzes über die Bildung einer „Region Hannover", erstattet von *Gerhard Leibholz* im Auftrag der Landeshauptstadt Hannover (März 1973), auszugsweise veröffentlicht unter dem Titel: Das Prinzip der Selbstverwaltung und der Art. 28 Abs. 2 Grundgesetz, in: DVBl., Jg. 88 (1973), S. 715 ff.

sungsrechtlichen Problematik gesetzgeberischer Dispositionen über *Form* und *Größe* kommunaler Selbstverwaltungskörper. Unbehandelt bleiben die Frage, ob es zulässig ist, die staatliche Mittelinstanz durch entsprechend zugeschnittene kommunale Einheiten zu ersetzen[5], sowie die Probleme, die sich im Einzelfall aus der Verlagerung gemeindlicher Kompetenzen an überörtliche kommunale Einheiten ergeben können[6]. Erst recht soll hier nicht zur Frage der Tauglichkeit kommunaler Maßstabsvergrößerungen Stellung genommen werden; denn diese Frage ist ihrem Wesen nach eine politische.

Umgekehrt zeigt sich freilich auch im Bereich der kommunalpolitischen Diskussionen sehr deutlich die vielfach zu beobachtende Neigung, politische Standpunkte durch vermeintlich verfassungsrechtliche Argumente zu untermauern: naturgemäß glauben vor allem die Gegner von Gebietsreformen, sich auf Art. 28 Abs. 2 GG berufen zu sollen. Die Aufgabe einer verfassungsrechtlichen Betrachtung muß folglich darin bestehen, jenen „Kernbereich" der kommunalen Selbstverwaltung aufzuzeigen, der, über der Tagespolitik stehend, nur um den Preis einer Verfassungsänderung disponibel ist. Dazu ist indes eine Verfassungsinterpretation ungeeignet, die allzu kasuistisch darauf abzielt, möglichst viele, politisch erwünschte „Garantien" aus dem Verfassungstext zu entwickeln, die als solche zwar durchaus im Einklang mit den Wertvorstellungen der Verfassung stehen mögen, aber dennoch nicht in dem Maße zwingend geboten sind, daß es erlaubt wäre, hier von echten Verbürgungen zu sprechen. Eine solche, im Grunde engherzige Strapazierung des Verfassungstextes verkennt, daß das Grundgesetz, soll es nicht zwangsläufig der Notwendigkeit ständiger Änderungen ausgesetzt sein, den gesetzgeberischen Reformbestrebungen erst dort Grenzen setzt, wo dies dem Wortlaut mit eindeutiger Sicherheit zu entnehmen ist.

Diese gerade auch im Blick auf den notwendig begrenzten Umfang verfassungsgerichtlicher Nachprüfbarkeit von Gesetzen bewußt zurückhaltende Interpretationsmethode wirkt sich naturgemäß auch auf die Auslegung des Landesverfassungsrechts aus. Obwohl die einschlägigen Bestimmungen der Länderverfassungen sich im wesentlichen an Art. 28 Abs. 2 GG anlehnen, können sich hier — wie es beispielsweise in Niedersachsen der Fall ist — Besonderheiten daraus ergeben, daß die Länderverfassungen ausdrücklich über das Grundgesetz hinausgehende „Garantien" enthalten. Dies wirft die allgemein bedeutsame Frage auf, wieweit der Landesverfassungsgeber die im Grundgesetz verbürgte kommunale Selbstverwaltung überhaupt näher ausgestalten und damit unter Umständen einengen darf.

---

[5] Vgl. dazu *Roman Schnur*, Regionalkreise?, Köln 1971, S. 4 ff. (Abhandlungen zur Kommunalpolitik, Bd. 1), und *E. Rasch*, Bemerkungen zur Verwaltungsregion, in: DVBl., Jg. 83 (1968), S. 834 ff.
[6] Hiermit befaßt sich *Werner Weber*, Rechtsgutachten über die Vereinbarkeit des Entwurfes eines Gesetzes über die Errichtung eines Verbandes Großraum Hannover (GrHG) .... mit dem Grundgesetz und der Vorläufigen Niedersächsischen Verfassung, 1973 (maschinenschriftlich), insbesondere S. 31 ff.

A. Die Rechtslage nach dem Grundgesetz

Ausdrücklich setzt das Grundgesetz der Größe kommunaler Selbstverwaltungskörper keine Grenzen. Es legt die Bundesländer auch nicht expressis verbis auf einen bestimmten kommunalen Aufbau fest. Erst eine nähere Interpretation des Art. 28 GG kann diese Fragen beantworten.

I. Zum Begriff und zum Wesen kommunaler Selbstverwaltung

Das Recht der Selbstverwaltung der kommunalen Körperschaften ist im Art. 28 Abs. 2 GG institutionell garantiert. Über den Inhalt dieser Garantie besteht im Grundsatz Einigkeit. Im einzelnen wird der Art. 28 Abs. 2 GG aber sehr verschieden ausgelegt.

1. Der Begriff der kommunalen Selbstverwaltung

Art. 28 GG enthält Rahmenvorschriften, die eine gewisse Homogenität der Bundesländer gewährleisten sollen. Darüber hinaus findet sich in Art. 28 Abs. 2 GG der Ausdruck eines allgemeinen Gedankens, nach dem „sich zwischen Mensch und Zentralstaat Zwischenverbände mit öffentlichen Aufgaben und öffentlicher Gewalt einschalten sollen, die eine stufenweise Entfaltung der Macht von unten nach oben ermöglichen" sollen[1]. Danach stehen in den Ländern zwischen Staat und Bürger die Gemeinden (Satz 1) und die Gemeindeverbände (Satz 2). Beiden steht das Recht der Selbstverwaltung zu, auch wenn dieses Wort ausdrücklich nur in Satz 2 erwähnt wird; beiden ist ferner gemein, daß das Recht der Selbstverwaltung ihnen nur „im Rahmen", respektive „nach Maßgabe der Gesetze" gewährt ist. Die in mehrfacher Hinsicht unterschiedliche Terminologie in Satz 1 und Satz 2 hat allein stilistische Gründe[2].

Neben der Statuierung des Selbstverwaltungsrechts stellt Satz 1 für die Gemeinden den Grundsatz der Allzuständigkeit (Universalität) auf[3], der durch die Worte

---

[1] *Theodor Maunz, Günter Dürig* und *Roman Herzog*, Grundgesetz, Kommentar, 3. Aufl. München 1973, Rdnr. 1 zu Art. 28. Diese Feststellung rechtfertigt es aber nicht, von einem verbindlichen verfassungsrechtlichen Prinzip der Subsidiarität, d. h. der lediglich ersatzweisen Zuständigkeit der höheren Einheit, zu sprechen, vgl. *Günter Hartkopf* und *Hubert Gschwendtner*, Empfiehlt es sich, durch Einfügung einer Ziffer 6 in den Art. 75 des Grundgesetzes dem Bund die Befugnis zum Erlaß von Rahmenvorschriften im Gemeindewesen zu verleihen?, Referat und Materialien zum 49. Deutschen Juristentag, Bonn 1972, S. 33 und Anm. 157 mit weiteren Nachweisen.

[2] Das ergibt sich aus der Entstehungsgeschichte dieser Vorschrift: nach längeren Beratungen in den Ausschüssen hatte sich der Parlamentarische Rat für eine sprachliche Differenzierung zwischen Gemeinden und Gemeindeverbänden entschieden, durch die lediglich zum Ausdruck gebracht werden sollte, daß der Grundsatz der Allzuständigkeit auf die Gemeinden beschränkt ist; vgl. im einzelnen *Entstehungsgeschichte der Artikel des Grundgesetzes*, bearb. von Klaus-Berto v. Doemming u. a., in: Jahrbuch des öffentlichen Rechts, N.F. Bd. 1 (1951), S. 253-257.

[3] BVerfGE 1, 167 (174 f.) = Offenbach-Urteil.

„alle Angelegenheiten der örtlichen Gemeinschaft" des Näheren umschrieben wird und gleichfalls durch den Gesetzesvorbehalt begrenzt ist. Den Gemeindeverbänden ist dagegen die Allzuständigkeit nicht von Verfassungs wegen garantiert: ihre Kompetenzen halten sich „im Rahmen ihres gesetzlichen Aufgabenbereichs". Im Hinblick auf die Zuständigkeiten, nicht aber bezüglich der Art und Weise der Selbstverwaltung unterscheidet also das Grundgesetz zwischen Gemeinden und Gemeindeverbänden. Man kann daher nicht von einer „Selbstverwaltung der Gemeinden" und einer „Selbstverwaltung der Gemeindeverbände" als von zwei qualitativ verschiedenen Formen der Selbstverwaltung sprechen.

Seit der Überwindung des Ständestaates haben absolute Monarchie und Demokratie gemeinsam, daß die ihnen eingegliederten Gemeinden und Gemeindeverbände — gleichgültig wie man soziologisch und historisch diese Formen menschlichen Zusammenlebens im einzelnen erklären will[4] — vom Politisch-Staatlichen her gesehen keine *ursprünglichen* Körper sind und, soweit sie Hoheitsgewalt (im eigenen wie im übertragenen Wirkungskreis) ausüben, diese vom Staat delegiert erhalten haben[5]. Im Verhältnis zum Staat sind sie kein „aliud", auch wenn sich gewisse Tätigkeitsbereiche unterscheiden lassen. Die kommunale Selbstverwaltung „beruht nicht auf Immunitätsprivilegien im Stile mittelalterlicher Städtefreiheit"[6]. Sie ist ihrem Wesen nach nicht ein vorgegebenes Prinzip, an dem sich staatliche Gewalt bricht, sondern eine Form staatlicher Organisation[7]. So gesehen ist kommunale Selbstverwaltung die Wahrnehmung an sich staatlicher Aufgaben durch besondere, in der Form der Gemeinden und Gemeindeverbände geschaffene und mit einer Reihe von Hoheitsrechten (z. B. Gebiets-, Personal-, Finanz-, Planungshoheit) ausgestattete Körperschaften des öffentlichen Rechts[8].

Art. 28 Abs. 2 GG hat Rechtsprechung und Schrifttum bisher überwiegend im Blick auf die Fragen beschäftigt, ob und wieweit der Staat die sachlichen Kompetenzen der Kommunen antasten und in ihren territorialen Besitzstand eingreifen darf. Im wesentlichen besteht über diese Grundsatzfragen Einigkeit. Diese gründet sich

---

[4] Vgl. hierzu *René König*, Die Gemeinde im Blickfeld der Soziologie, in: Handbuch der kommunalen Wissenschaft und Praxis, hrsg. von Hans Peters, Bd. 1: Kommunalverfassung, Berlin u. a. 1956, S. 18 ff., insbesondere S. 21-30.
[5] *Hans Peters*, Grenzen der kommunalen Selbstverwaltung in Preußen, Berlin 1926, S. 60; *Hans Hugo Klein*, Demokratie und Selbstverwaltung, in: Festschrift für Ernst Forsthoff, hrsg. von Roman Schnur, München 1972, S. 177; *Scheuner*, Neubestimmung, S. 5 mit weiteren Nachweisen; vgl. ferner (die Berufsgerichte betreffend) BVerfGE 18, 241 (253 f.); 26, 186 (194 ff.).
[6] *Arnold Köttgen*, Wesen und Rechtsform der Gemeinden und Gemeindeverbände, in: Handbuch der kommunalen Wissenschaft und Praxis, hrsg. von Hans Peters, Bd. 1, Kommunalverfassung, Berlin u. a. 1956, S. 212, und BVerfGE 23, 353 (365).
[7] *Ernst Forsthoff*, Lehrbuch des Verwaltungsrechts, Bd. 1: Allgemeiner Teil, 9. Aufl. München und Berlin 1966, S. 444, setzt die Selbstverwaltung weiterhin mit mittelbarer Staatsverwaltung gleich.
[8] Daneben glaubte man früher von der Selbstverwaltung im rechtlichen Sinne die nicht sehr treffend als „politische" bezeichnete Selbstverwaltung unterscheiden zu müssen, deren Wesen man in der Beteiligung unbesoldeter Ehrenbeamter sah, vgl. ausführlich *Peters*, Grenzen, S. 6 ff.

auf die Entscheidung des Staatsgerichtshofs vom 10./11. Dezember 1929[9], die sich mit der Neugliederung des rheinisch-westfälischen Industriegebietes befaßt hatte. Hier heißt es:

„Die Landesgesetzgebung darf daher dieses Recht (scil.: der Selbstverwaltung) nicht aufheben und die Verwaltung der Gemeindeangelegenheiten nicht den Staatsbehörden übertragen. Sie darf die Selbstverwaltung auch nicht derart einschränken, daß sie innerlich ausgehöhlt wird, die Gelegenheit zu kraftvoller Betätigung verliert und nur noch ein Scheindasein führen kann. Nicht aber ist aus Art. 127 herzuleiten, daß er den Gemeinden die Selbstverwaltung in ihren Einzelheiten verbürge, die ihnen zur Zeit der Verkündung der Verfassung zustanden, oder daß er den einzelnen Gemeinden, die damals vorhanden waren, ihre dauernde Erhaltung zusichere."

Seither ist anerkannt, daß Art. 28 GG kein Recht der individuellen Gemeinde, bzw. des individuellen Gemeindeverbandes auf Existenz und Fortbestand enthält[10]. Auch ihr Recht auf Selbstverwaltung ist nicht absolut gewährleistet; es steht zur Disposition des Gesetzgebers — zumeist des Landesgesetzgebers — solange er den „Kernbereich" oder den „Wesensgehalt" der Selbstverwaltung unangetastet läßt[11].

Ist damit die Substanz dessen, was den Kommunen zu eigenverantwortlicher Tätigkeit von Verfassungs wegen zugewiesen ist, einigermaßen scharf umrissen, so ist doch für die Frage, ob und gegebenenfalls wo der Gestaltungsfreiheit des Gesetzgebers bei der Fixierung der Größe und der Form der Kommunen vom Grundgesetz Grenzen gezogen sind, außerhalb derer die geschaffenen Räume nicht mehr als Selbstverwaltungskörper anzusprechen sind, noch nicht viel gewonnen. Diese erst in jüngster Zeit aufgeworfene und von Schrifttum und Judikatur noch wenig behandelte Frage beantwortet sich auch nicht aus dem Verständnis des allgemeinen Phänomens „*Selbstverwaltung*".

Die Art und Weise, nach der nichtstaatliche Selbstverwaltungskörperschaften (also auch andere als die in Art. 28 Abs. 2 GG genannten) die ihnen obliegenden Aufgaben selbstverwaltend erfüllen, gibt keinen Aufschluß. Selbstverwaltung vollzieht sich nach der Rechtsprechung des Bundesverfassungsgerichts im eigenen Namen, in eigener Verantwortung und durch eigene gewählte Organe[12]. Nach diesen Kriterien — die an dieser Stelle bewußt nur in einem rein formalen Sinne verstanden werden — kann Selbstverwaltung grundsätzlich auch bundesweit oder auf Landesebene im Wege eigenverantwortlicher Wahrnehmung öffentlicher Angelegenheiten durch selbständige Hoheitssubjekte ausgeübt werden, wie dies etwa im Falle der verschiedenen berufsgebundenen Personalkörperschaften (Kammern, Verbände usw.) geschieht. Sie alle erfüllen die ihnen obliegenden Aufgaben „als eigene", ohne

---

[9] RGZ 126, Anhang S. 14 (22) = *Die Rechtsprechung des Staatsgerichtshofs für das Deutsche Reich und des Reichsgerichts auf Grund Artikel 13 Absatz 2 der Reichsverfassung*, hrsg. von Hans-Heinrich Lammers und Walter Simons, Bd. 2, Berlin 1929, S. 107.

[10] Vgl. statt aller *Maunz-Dürig-Herzog*, Rdnr. 29 zu Art. 28 mit weiteren Nachweisen.

[11] BVerfGE 1, 175 (178); 7, 358 (364); 8, 332 (359); 9, 268 (290); 11, 266 (274) = „Rathausparteienbeschluß"; 17, 172 (182); 21, 117 (130); 22, 180 (205); 26, 180 (238); aus dem Schrifttum: *Klaus Stern*, in: Bonner Kommentar, Rdnr. 120 zu Art. 28 mit weiteren Nachweisen.

[12] BVerfGE 6, 104 (117) = Duisburg-Urteil. Nicht vorausgesetzt ist, daß die Organe unmittelbar gewählt sind.

daß damit etwas über ihre zulässige Größe nach Personenzahl oder räumlicher Ausdehnung gesagt wäre.

Erforderlich ist deshalb eine nähere Analyse der in Art. 28 GG enthaltenen Garantie, wobei zunächst zu untersuchen ist, *warum* das Grundgesetz überhaupt Gewicht darauf legt, daß die örtliche Gemeinschaft ihr Schicksal selbst in die Hand nehmen und eigenverantwortlich gestalten können soll. Gelänge es nicht, eine einleuchtende Erklärung hierfür zu finden, so liefe Art. 28 Abs. 2 GG und mit ihm die Einrichtung der kommunalen Selbstverwaltung Gefahr, zu einem inhaltslosen, beliebig verwendbaren Schlagwort zu werden — eine Gefahr, die sich heute sehr eindrücklich im akademischen Bereich zeigt.

Dort wird heute die von den Hochschulen ausgeübte Selbstverwaltung — ein Prinzip, das dem der kommunalen Selbstverwaltung in mancherlei Hinsicht vergleichbar ist[13] — vielerorts aus politischem Kalkül zu einem Instrument zur Abwehr staatlichen Verwaltungshandelns abqualifiziert. Klischeehafte Vorstellungen von einer Autonomie der Universitäten verschleiern den ursprünglichen und heute wie eh und je aktuellen Sinn akademischer Selbstverwaltung, nach dem die Freiheit von Forschung und Lehre, d. h. letztlich die freie Wahrheitsfindung zu sichern ist. Dies zu garantieren, gehört aber gerade mit zu den staatlichen Aufgaben, und man kann daher aus der Institution akademischer Selbstverwaltung nicht auf eine Art Polarität Staat — Universität schließen.

Um ähnlichen Gefahren einer Fehlinterpretation zu begegnen, erscheint ein kurzer geschichtlicher Rückblick geboten. Er dient freilich nicht dazu, „tradierte Leitbilder" zu ermitteln und ihnen normative Kraft zu unterstellen, als vielmehr dazu, diejenigen Grundgedanken der Institution der kommunalen Selbstverwaltung zu verdeutlichen, die den Wandel der Zeit überdauert haben und sie auch für die Zukunft als erhaltenswert rechtfertigen.

2. Zur Entwicklung der kommunalen Selbstverwaltung in Deutschland

Im Gegensatz zu vielen anderen Rechtsordnungen kann die kommunale Selbstverwaltung in Deutschland auf eine lange Tradition zurückblicken[14]. Läßt man einmal die frühen Urformen der genossenschaftlich organisierten Nachbarschaftsver-

---

[13] Hierzu im einzelnen: *Arnold Köttgen*, Das Grundrecht der deutschen Universität, Göttingen 1959, insbesondere S. 31 ff.
[14] Die folgenden Ausführungen stützen sich im wesentlichen auf die geschichtlichen Arbeiten von *Erich Becker*, Entwicklung der deutschen Gemeinden und Gemeindeverbände im Hinblick auf die Gegenwart, in: Handbuch der kommunalen Wissenschaft und Praxis, hrsg. von Hans Peters, Bd. 1: Kommunalverfassung, Berlin u. a. 1956, S. 62 ff.; *Hugo Preuss*, Die Entwicklung des deutschen Städtewesens, Bd. 1, Leipzig 1906, insbesondere S. 195-290; *Hans Müthling*, Die Geschichte der deutschen Selbstverwaltung, Köln 1966; *Franz Steinbach* und *Erich Becker*, Geschichtliche Grundlagen der kommunalen Selbstverwaltung in Deutschland, Bonn 1932; *Otto Gönnenwein*, Gemeinderecht, Tübingen 1963, S. 10-24; *Georg-Christoph v. Unruh*, Der Kreis — Ursprung, Wesen und Wandlungen, in: Der Kreis, Bd. 1, Köln und Berlin 1972, S. 13-195; *Fritz Stier-Somlo*, Das Grundrecht der kommunalen Selbstverwaltung unter besonderer Berücksichtigung des Eingemeindungsrechts, in: Archiv des öffentlichen Rechts, N. F. Bd. 17 (1929), S. 11-24.

bände außer Betracht, so bietet die mittelalterliche Selbstregierung der Städte, vor allem der Reichsstädte, die auf ihrem Gebiet die meisten Hoheitsrechte ausübten, ein eindrucksvolles Beispiel kommunaler Selbständigkeit und bürgerlichen Gemeinsinns, das auch in neuerer Zeit noch als Vorbild städtischen Lebens gepriesen wird. Freilich nahmen, von seltenen Ausnahmen wie etwa den bäuerlichen Freistaaten in Dithmarschen abgesehen, die meist unter der Gutsherrschaft des Landadels stehenden Landgemeinden an diesen Errungenschaften keinen Anteil.

Nachdem der Dreißigjährige Krieg den meisten deutschen Städten den Reichtum und die Privilegien genommen hatte, konzentrierte sich alle politische Entscheidungsgewalt fortan in dem persönlichen Machtwillen des für souverän erklärten absoluten Monarchen. Zur Zeit des Ausbruchs der Französischen Revolution hatten sich in Deutschland, namentlich in den preußischen Staaten, Landvolk und Bürgertum seit Generationen daran gewöhnt, von der Obrigkeit, d. h. vom Staat und seinen Beamten, regiert zu werden. Die Stadtmagistrate waren „völlig zur Unterstufe der Bureaukratie entartet" (Preuss). Auf dieser Grundlage sind die Kommunalreformen des 19. Jahrhunderts zu sehen, die das Bild der modernen kommunalen Selbstverwaltung entscheidend beeinflußt haben.

Sie beruhen im wesentlichen auf den Gedanken des Reichsfreiherrn vom Stein, die erstmals in der preußischen Städteordnung vom 19. November 1808 konkrete Gestalt annahmen. Zwar wurde die Städteordnung in den folgenden Jahren nach Steins Entlassung vielfach abgewandelt. Ihr wesentlicher Gehalt setzte sich aber auch außerhalb Preußens sowie — unter dem Einfluß von Gneist — endgültig in der späteren Kreisordnung (1872) und der Landgemeindeordnung (1891) durch. Stein hatte vor allem den Gemeinsinn und das verloren gegangene politische Interesse der Bürger am öffentlichen Leben wecken und sie auf kommunaler Ebene zu eigenverantwortlicher Mitarbeit an der Verwaltung des Gemeinwesens aufrufen wollen. Obwohl Stein bei seinen Vorstellungen von der staatlichen Regeneration stark von den Ideen der Französischen Revolution beeinflußt war, hatte seine Konzeption im Vergleich zu jenen Prinzipien im Grunde einen mehr konservativen Zug. Sie baute — anders auch als in England, wo sich schon viel früher die Entwicklung zur parlamentarischen „Selbstregierung" angebahnt hatte — noch auf dem Antagonismus zwischen Obrigkeit und Untertan auf. Stein suchte diesen von der untersten Ebene her abzubauen. So war der Gedanke der Selbstverwaltung in seinem Ursprung eher liberaler als demokratischer Provenienz. Das aufstrebende, liberal gesinnte Bürgertum glaubte angesichts der Restauration, mit der Selbstverwaltung eine politische Waffe gegen den Staat in die Hand zu bekommen, die es in den Stand versetzte, die Macht der Obrigkeit, wenn auch nicht zu brechen, so doch zu beschränken und die Individualsphäre vor staatlichen Eingriffen zu schützen.

Weitere Impulse, die der kommunalen Selbstverwaltung des 19. Jahrhunderts ihr charakteristisches Gepräge als Honoratiorenverwaltung gaben, gingen von dem politischen und wissenschaftlichen Wirken Gneists aus. Wie Stein verfolgte auch er das Ziel, das bürgerliche Element enger mit dem Staat zu verbinden. Dabei legte er, bewußt dem Vorbild des englischen Selfgovernments folgend, besonderes Gewicht darauf, daß die Kreise und Ortsgemeinden nicht durch Berufsbeamte, sondern durch unbesoldete „Ehrenbeamte der höheren und Mittelstände" verwaltet würden.

Je mehr im Laufe des letzten Jahrhunderts das demokratische Prinzip zur Maxime politischen Handelns wurde, desto mehr wurde der ursprüngliche Dualismus zwischen Kommunal- und Staatsverwaltung relativiert, bis die Weimarer Verfassung ihn mit der Ausdehnung der Grundsätze des Reichstagswahlrechts auf die Gemeindeebene nahezu völlig einebnete. Selbstverwaltung wurde jetzt zunehmend in einem formalen Sinn verstanden, um mit seiner Hilfe den legitimen Bereich der überörtlichen Staatsverwaltung von dem der Lokalverwaltung abzugrenzen[15]. In dem Maße, in dem im Gefolge der Weimarer Verfassung der Staat selbst demokratisiert wurde, begriff man das Recht der Selbstverwaltung der Kommunen nicht mehr als Grundrecht, sondern unter dem Einfluß der Lehre von den institutionellen Garantien als ein objektives Organisationsprinzip. Ihren Ausdruck fand diese Entwicklung im kommunalen Bereich in der Entmachtung der Honoratiorenverwaltung durch die politischen Parteien. Das bereits zitierte Urteil des Staatsgerichtshofs vom 10./11. Dezember 1929, das dem Art. 127 WV einen materialen Gehalt geben wollte, konnte sich in der Verwaltungspraxis nicht mehr auswirken. Die nationalsozialistische Machtübernahme führte zur weitgehenden Aufhebung der Selbstverwaltung und replacierte sie auch auf der lokalen Ebene durch das sogenannte Führerprinzip[16].

3. Die kommunale Selbstverwaltung aus heutiger Sicht

Nachdem 1945 der Wiederaufbau öffentlichen Lebens von unten nach oben schrittweise wieder in deutsche Hände gelegt wurde, zeichnete sich — bestärkt durch die Erfahrungen der Vergangenheit aber auch unter dem Einfluß der westlichen Besatzungsmächte, die das politische Bewußtsein des deutschen Volkes durch die Übernahme des kommunalen Selfgovernment stärken wollten — bald die Tendenz ab, dem Gedanken der kommunalen Selbstverwaltung erneut einen materialen Gehalt zu vermitteln. Dieser Gehalt wird in deutlicher Anknüpfung an die ursprünglichen Ideen des Freiherrn vom Stein wiederum gesehen in der „Aktivierung der Beteiligten für ihre eigenen Angelegenheiten, die die in der örtlichen Gemeinschaft lebendigen Kräfte des Volkes zur eigenverantwortlichen Erfüllung öffentlicher Aufgaben der engeren Heimat zusammenschließt mit dem Ziel, das Wohl der Einwohner zu fördern und die geschichtliche und heimatliche Eigenart zu wahren"[17].

Dieses Leitbild der Selbstverwaltung ist für die heutige Form der Demokratie in der Bundesrepublik deshalb von großer Bedeutung, weil es zusammen mit anderen

---

[15] BVerfGE 11, 266 (275) im Anschluß an Peters, *Grenzen*, S. 5 ff.
[16] Vgl. hierzu *Horst Matzerath*, Nationalsozialismus und kommunale Selbstverwaltung, Stuttgart u. a. 1970, insbesondere S. 229 ff. und 433 ff. (Schriftenreihe des Vereins für Kommunalwissenschaften, Bd. 29).
[17] *Hans Peters*, Lehrbuch der Verwaltung, Berlin, Göttingen und Heidelberg 1949, S. 292; vgl. ferner BVerfGE 11, 266 (275 f.).

fundamentalen Verfassungsprinzipien klarstellt, daß diese Demokratie eine freiheitliche Demokratie sein soll. Es bedarf daher nicht wie zur Zeit der Weimarer Verfassung besonderer Untersuchungen, um darzutun, daß das Prinzip der Selbstverwaltung nicht gegen das demokratische Prinzip verstoße[18]. Gewiß, die Eigenverantwortung autonomer Körper widerspricht radikal-egalitären demokratischen Vorstellungen und der Idee eines einheitlich gedachten, auf dem Prinzip der Identität beruhenden Volkswillens, sie ist aber mit einer freiheitlichen Demokratie in einem differenzierenden Sinn vereinbar. So ist es möglich, daß von der Selbstverwaltung als einer Art Garant oder „Schule" der Demokratie gesprochen werden kann. „Die Selbstverwaltung der Gemeinden dient dem Aufbau der Demokratie in Bayern von unten nach oben" heißt es z. B. in der Bayerischen Verfassung von 1946 (Art. 11). In einer liberalen Demokratie bedarf es zu ihrem Fortbestand eines gewissen Maßes an Kontakt der Bevölkerung zu ihren Hoheitsträgern. Insoweit hat das Ideengut des Liberalismus, das die kommunale Selbstverwaltung ehemals geprägt hat, wie schon in die Weimarer Verfassung so auch ins Grundgesetz Eingang gefunden.

Trotzdem darf man sich nicht darüber hinwegtäuschen, daß das Prinzip der kommunalen Selbstverwaltung auch in seiner gegenwärtigen Form nicht zu den Essentialien der Demokratie gehört. Es gibt auch demokratische Verfassungssysteme — d. h. Systeme, in denen das Volk als der Schöpfer aller politischen Wirklichkeit alle hoheitliche Gewalt mit Hilfe von Regeln betätigt, die es sich selbst gegeben hat —, die keinen liberalen Charakter tragen. Ist dies der Fall und verzichtet der Staat auf den Einbau autonomer intermediärer Gewalten, so braucht er deshalb noch nicht antidemokratisch zu verfahren. Er kann auch anstelle des Selbstverwaltungsprinzips das mehr formale Mittel der Dezentralisation wählen, um so einen möglichst großen Teil der öffentlichen Aufgaben von der Zentrale weg auf andere, ihr eingeordnete Stellen zu verlagern[19]. Damit wird bestätigt, daß die „kommunale Selbstverwaltung" in erster Linie ein staatliches Organisationsprinzip ist, das als solches aus sich heraus und ohne Rückgriff auf das Demokratieverständnis zu bestimmen ist[20].

Haben die Gedanken Steins auch, obwohl die fortschreitende Demokratisierung den alten Gegensatz zwischen dem Bürger und der im absoluten Monarchen personifizierten Obrigkeit aufgehoben hat, im Grunde ihre Aktualität noch nicht verloren, so fordern die veränderten politischen Verhältnisse doch, einen entscheiden-

---

[18] Vgl. *Peters,* Grenzen, S. 43 f.
[19] Die kommunale Selbstverwaltung zeigt stets zugleich dezentralistische Tendenzen; Selbstverwaltung geht aber über den reinen Dezentralisierungseffekt insoweit hinaus, als sie zugleich eine weitgehende Unabhängigkeit der einzelnen Verwaltungskörper voraussetzt, vgl. dazu im einzelnen *Hans Peters,* Zentralisation und Dezentralisation, Berlin 1928, S. 4 ff. und 22 ff.
[20] Vgl. S. 11. Das Selbstverwaltungsprinzip wird nicht selbst zum Bestandteil der Demokratie dadurch, daß Art. 28 Abs. 1 Satz 2 GG für gewisse Selbstverwaltungskörper demokratisch legitimierte Volksvertretungen vorsieht. Gewiß wird so die Demokratie in einen kleineren Raum getragen. Eine Wesenseigentümlichkeit der Selbstverwaltung wird aber damit nicht zum Ausdruck gebracht.

den Akzent heute anders zu setzen. Das gleiche Selbstverwaltungsprinzip, das zu Beginn des vorigen Jahrhunderts Ausdruck eines berechtigten Mißtrauens gegen eine volksfremde Zentralregierung war und im Wege vorsichtiger Reform dazu bestimmt wurde, dem Bürger zu einer gewissen Mitverantworung bei der Verwaltung seiner Angelegenheiten zu verhelfen, enthält heute ein staatsorganisatorisches Element, das mit dazu beiträgt, unsere Demokratie zu einer freiheitlichen zu machen. Es schafft eine Art Gegengewicht oder Korrektiv zum radikal-egalitären Demokratismus, das unsere Staatsform beispielsweise von den östlichen Volksdemokratien unterscheidet. Je größer die Zahl der öffentlichen Angelegenheiten ist, die zentral und im Wege demokratischer Mehrheitsentscheidung geregelt werden, desto größer wird zwangsläufig die Zahl der „überstimmten" Minderheiten. Deshalb wird eine Demokratie liberaler Prägung bestrebt sein, den Freiheitsraum des einzelnen oder jedenfalls einzelner Bevölkerungsteile dadurch zu vergrößern, daß sie Materien, die nicht zwingend Angelegenheiten des Gesamtvolkes sind, demjenigen Teil der Bevölkerung zur eigenverantwortlichen Entscheidung überträgt, den sie in erster Linie angehen.

Das geschieht heute in der Bundesrepublik auf vielerlei Weise. Ein Vielzahl weitgehend selbständiger, meist korporativ organisierter Institutionen regelt in weiten Bereichen des öffentlichen Lebens einen durch den jeweiligen Sachzusammenhang begrenzten Aufgabenbereich in eigener Verantwortung. Angefangen bei den mannigfaltigen Formen wirtschaftlicher Selbstverwaltung (Selbständigkeit der Tarifpartner, finanzpolitische Autonomien usw.) und dem von Anfang an weitgehend verselbständigten Sozialversicherungswesen über die berufsständischen Innungen und Verbände bis hin zum kulturellen Bereich der Kirchen, Hochschulen, der Rundfunk- und Fernsehanstalten, des Theaters und des Musikwesens begegnet man in der Bundesrepublik einer Fülle vom Staate unabhängiger, wiewohl seiner Aufsicht unterstellter Selbstverwaltungskörper, welche Aufgaben erfüllen, die im Grunde auch der Staat selbst unter seine Regie nehmen könnte. Sie alle tragen dazu bei, unsere vielzitierte „freiheitliche Grundordnung" zu aktualisieren, indem sie letzten Endes den einzelnen davor schützen, dort von der „volonté générale" majorisiert zu werden, wo dies vermeidbar ist. Treffend bezeichnet Schelsky dieses Charakteristikum unserer Verfassung als „institutionelle Pluralisierung der Macht"[21]. Sie ist es, die die divergente Mannigfaltigkeit des Lebens mit Hilfe einer bestimmten Wert- und Lebensordnung zu einem personalen Ganzen zusammenschließt, das diese zugleich grundsätzlich von allen totalen Weltanschauungssystemen unterscheidet.

In diesem größeren Zusammenhang ist auch das Recht der Selbstverwaltung, das den Gemeinden und Gemeindeverbänden gewährt ist, zu sehen. Durch das staatsorganisatorische Prinzip der Selbstverwaltung soll sichergestellt werden, daß über bestimmte Angelegenheiten von lokaler oder doch jedenfalls räumlich begrenzter Bedeutung grundsätzlich diejenigen zu befinden haben, „die es angeht". Man könnte die kommunale Selbstverwaltung durchaus als eine Form der Gewaltenteilung und

---

[21] Vgl. *Helmut Schelsky*, Mehr Demokratie oder mehr Freiheit?, in: Frankfurter Allgemeine Zeitung vom 20. 1. 1973, S. 7 f.

Gewaltenbegrenzung ansehen. Anders zwar als bei der „klassischen" horizontalen Einteilung der Gewalten in drei prinzipiell gleichrangige *Staatsgewalten* handelt es sich hier um eine Gewaltenabstufung eigener Art[22]. Wie jene dient sie aber dem Zweck, die Häufung der Macht auf einer zentralen Stelle zu verhindern und so den Freiheitsraum des einzelnen zu schützen[23]. In dieser Einschaltung intermediärer Hoheitsträger, die damit über den formalen, dezentralisierenden Effekt hinaus durch eigene, vom Volkswillen legitimierte Organe eine zu starke Machtkonzentration verhindern hilft, liegt der verfassungspolitische Grund, der es rechtfertigt, das Selbstverwaltungsprinzip heute[24] als einen der fundamentalen Bestandteile liberaler Demokratie zu verstehen[25].

Man würde hiernach dem Prinzip der kommunalen Selbstverwaltung nicht gerecht, wollte man seine Bedeutung wesentlich darin sehen, lokale oder kantonale, historisch gewachsene Eigenständigkeiten zu erhalten. Ebenso scheint es verfehlt, in der Garantie kommunaler Selbstverwaltung eine verfassungsrechtliche Forderung nach politischen Integrationsräumen zu sehen. Beides sind legitime und wichtige Aspekte, die bei jeder Neuordnung des Staatsgebiets mit zu beachten sind; sie enthalten Kriterien, nach denen sich beurteilen läßt, ob eine kommunale Reform als geglückt anzusehen ist. Sie könnten aber nicht die Aufnahme des Prinzips der kommunalen Selbstverwaltung als einen der tragenden Grundsätze in die Verfassung des Bundes rechtfertigen.

Das alles darf freilich nicht dazu verleiten, die Bedeutung dieses Prinzips und seine Durchsetzbarkeit in der Verfassungswirklichkeit zu überschätzen. Die Selbstverwaltung im kommunalen Bereich ist nur *eine* Ausformung jenes allgemeinen Prinzips einer umfassenden Gewaltenteilung, die der Verfassung ihr liberales Gepräge gibt. Idealtypisch ist sie mit letzter Konsequenz nicht zu realisieren. Gerade die heutige Verfassungswirklichkeit liefert eine eindrückliche Bestätigung für diese These.

---

[22] *Hans-Ulrich Evers,* Reform oder Liquidation der Landkreise, in: DVBl., Jg. 84 (1969), S. 769; *Hans Niedermeier,* Bund und Gemeinden, Berlin 1972, S. 129, und andere Autoren sprechen deshalb von einem Prinzip der „vertikalen Gewaltenteilung".
[23] BVerfGE 3, 225 (247). Das Prinzip der Gewaltenteilung hat sich von dem ursprünglichen Sinn, den vor allem Montesquieu mit ihm verband, weitgehend entfernt. Die Aufklärung betrachtete die Schaffung verselbständigter Gewalten als ein Mittel, die Herrschaft des Monarchen zu begrenzen. Diese Zielsetzung ist heute hinfällig geworden. Heute steht der Gesichtspunkt der wechselseitigen Kontrolle und der gegenseitigen Gewaltenhemmung im Vordergrund. Die gleiche Wandlung hat das Prinzip der kommunalen Selbstverwaltung erfahren.
[24] In Weimar konnte noch gefragt werden, „ob nicht auch die Emanzipation der Kommunen einen Ansatz zur pluralistischen Auflösung des Staates und damit zur Auferstehung der ständischen Verfassung des alten, im Jahre 1806 zerfallenen deutschen Kaiserreiches in neuer Form darstellt", *Ernst Forsthoff,* Um die kommunale Selbstverwaltung, in: Zeitschrift für Politik, Bd. 21 (1931), S. 263.
[25] Vgl. auch *Werner Thieme,* Bund, Länder und Gemeinden, in: AfK, Jg. 2 (1963), S. 189, und *Konrad Hesse,* Grundzüge des Verfassungsrechts der Bundesrepublik Deutschland, 3. Aufl. Karlsruhe 1969, S. 60, 66 ff., der unter den „intermediären Kräften" die politischen Parteien hervorhebt.

Wie auf Bundes- und Landesebene so hat sich auch im kommunalen Bereich die moderne Form der Parteiendemokratie längst durchgesetzt[26]. Das hat so weit geführt, daß das Bundesverfassungsgericht um eines normalen Funktionierens der Parteiendemokratie willen auch im Kommunalwahlrecht eine 5 %-Sperrklausel gegen Splitterparteien als verfassungskonform erachtet hat[27]. Die großen politischen Parteien, die die Bundespolitik beherrschen, bestimmen heute auch weitgehend die kommunalen Geschicke. Kommunalpolitische Entscheidungen werden in den Fraktionen vorbereitet oder unter den Fraktionen ausgehandelt, noch ehe die Gemeinde- oder Kreisparlamente sich mit der Angelegenheit befassen; kommunale Ämter sind oft willkommene Sprungbretter für aufstrebende Parteipolitiker. Innerparteiliche Auseinandersetzungen in vielen Großstädten erregen heute deshalb immer wieder bundesweites Aufsehen, weil sie über ihre lokale Bedeutung hinaus vielfach Spannungen aufzeigen, die auch in der Gesamtpartei zu beobachten sind.

Gewiß weist das politische Leben in den Gemeinden und Kreisen noch in starkem Maße besondere Konstellationen und überhaupt gewisse Eigengesetzlichkeiten auf, durch die die Polarität der großen Parteien mitunter „unterlaufen" wird. Die Kommunen können jedoch kein politisches Eigenleben führen, das dem der mittelalterlichen Reichsstädte vergleichbar wäre. Die Schaffung intermediärer Verwaltungskörper, die auch nur auf Teilgebieten eine *ausschließlich* von den in ihrem Gebiet wohnenden Bürgern bestimmte, echte Selbstverwaltung betreiben könnten, ist eine Illusion[28].

Mit Recht wird daher die Frage gestellt, ob eine bürgerschaftliche Selbstverwaltung in unserer Zeit überhaupt noch möglich ist[29]. Sie würde verhältnismäßig klein zugeschnittene Gemeinwesen voraussetzen. In der Tat findet auch heute in Kleinstädten und Landgemeinden noch weithin eine gewisse aktive Beteiligung der politisch ansonsten nicht organisierten Bevölkerung statt. Bürger sein bedeutet dort etwas anderes als in der Großstadt[30]. Diese Verhältnisse sind aber rein faktisch heute eher die Ausnahme als die Regel. Während im Jahre 1870 das Verhältnis von Stadtbevölkerung und Landbevölkerung noch 1 : 20 stand[31], hat es sich heute grundlegend verschoben: nur 47,4 % der Bevölkerung der Bundesrepublik wohnen in

---

[26] *Hans Julius Wolff*, Verwaltungsrecht, Bd. 2, 3. Aufl. München und Berlin 1970, § 86 I a 4; *Hans Justus Rinck*, Parteienstaat und Selbstverwaltung, in: JZ, Jg. 16 (1961), S. 73 ff., und vor allem *Otto Ziebill*, Politische Parteien und kommunale Selbstverwaltung, 2. Aufl. Stuttgart u. a. 1972 (Schriftenreihe des Vereins für Kommunalwissenschaften, Bd. 7).
[27] BVerfGE 6, 104 (114 ff.).
[28] Daß eine saubere Trennung zwischen staatlichen und kommunalen Tätigkeitsbereichen auch in verwaltungsrechtlicher Hinsicht nicht möglich ist, ist längst erwiesen. Das Beispiel der auf dem Gebiet der Planung immer deutlicher sichtbaren konkurrierenden Zuständigkeiten beweist dies zur Genüge.
[29] *Ziebill*, S. 90 ff., kommt zu dem Ergebnis, daß sich die kommunale Selbstverwaltung des 20. Jahrhunderts *formal* als Selbstverwaltung darstellt; ihrem Charakter nach sei sie „mittelbar-bürgerschaftliche" Verwaltung.
[30] *Thieme*, Bund, S. 191.
[31] *Müthling*, S. 45.

Gemeinden unter 20 000 Einwohnern, in Gemeinden unter 10 000 Einwohner sind es 36,4 % und unter 5 000 Einwohnern 25,7 %[32].

Man sollte sich darüber hinaus fragen, ob eine „aktive Beteiligung der Bevölkerung", die ohnehin nur die örtliche Honoratiorenschicht erfassen würde, überhaupt so wünschenswert ist, wie dies gelegentlich behauptet wird. Eine wirkliche Demokratisierung des kleineren Raums vermag das Prinzip der ehrenamtlichen Verwaltung bei Licht besehen nicht zu erreichen. Die Gefahr einer „Entartung in eine Interessendemokratie"[33] wird allzu leicht übersehen, wenn Postulate des 19. Jahrhunderts ungeprüft übernommen werden. Fest steht jedenfalls, daß die Entwicklung der Städte die Forderung Gneists nach einer möglichst starken Laienbeteiligung in der Verwaltung gegenstandslos gemacht hat, nachdem die Vermehrung der administrativen Aufgaben auch in den Städten mehr und mehr den spezialisierten Fachmann verlangt[34].

Nach allem ist die kommunale Selbstverwaltung — vom Staatsganzen gesehen — die Ausprägung eines in der Praxis nicht rein, sondern nur annäherungsweise zu realisierenden Organisationsprinzips, das die Abstufung hoheitlicher Macht im Interesse einer freiheitlichen Demokratie fördern will. Doch wird die Betonung dieses dezentralisierenden und machtbegrenzenden Effekts dem Wesen dieser Institution noch nicht gerecht. Die kommunale Selbstverwaltung ist per definitionem auch öffentliche *Verwaltung*[35], d. h. sie ist dazu bestimmt, den Bürger gegenwärtig und mit Blick auf die Zukunft mit denjenigen Leistungen zu versorgen, die er als Mitglied des Gemeinwesens von ihr erwartet und die er letzten Endes durch seine Steuerzahlungen finanziert. Die Pflicht, durch die Organisation des Verwaltungsapparats optimale Leistungen zu erbringen, obliegt den Kommunen im gleichen Maße wie dem Staat, der sich als Sozialstaat begreift[36]. Es ist daher zumindest irreführend, das Streben nach einer besseren Versorgung des Bürgers als „bloße" Verwaltungsvereinfachung oder Kostenersparnis zu kleiner Münze zu schlagen.

Um es noch deutlicher zu sagen: soll die kommunale Selbstverwaltung ihren machtbegrenzenden Effekt überhaupt erzielen können, so setzt dies voraus, daß sie durch die Organisation der Selbstverwaltungskörper administrativ in die Lage versetzt wird, Aufgaben von einigem Gewicht mit Erfolg wahrzunehmen. Die „Gefahr", daß sonst der Staat — aus Gründen des öffentlichen Wohls — sich der betreffenden Aufgaben annehmen muß, wird heute mehr und mehr gesehen. Nicht

---

[32] *Statistisches Jahrbuch für die Bundesrepublik Deutschland 1973*, Abschnitt 1, Nr. 7, S. 44.
[33] *Werner Thieme*, Selbstverwaltungsgarantie und Gemeindegröße, in DVBl., Jg. 81 (1966), S. 326.
[34] Vgl. *Forsthoff*, Lehrbuch, S. 439 f.
[35] Vgl. auch *Peters*, Grenzen, S. 36.
[36] *Niemeier*, S. 134; *Hans Pagenkopf*, Kommunalrecht, Köln u. a. 1971, S. 4 f.; *Peter Oberndorfer*, Gemeinderecht und Gemeindewirklichkeit, Linz 1971, S. 241; *Hans Peters*, Die allgemeine Problematik der heutigen Kreisverfassung als Ergebnis geschichtlicher Entwicklung, in: Aktuelle Probleme des Verfassungsrechts im Landkreis, Mannheim 1953, S. 13.

ohne Grund wird daher heute auch von einer modernen Krise der Selbstverwaltung gesprochen[37]. So widerspricht im Grunde das Streben der Verwaltungsfachleute nach größerer Effizienz, namentlich auch ihre in jüngerer Zeit wiederholt erhobene Forderung nach Übereinstimmung von Planungs- und Verwaltungsraum, nicht dem Prinzip der kommunalen Selbstverwaltung; es ist letzten Endes seine unausweichliche Konsequenz. Gelingt es nicht, die Selbstverwaltungskörper so leistungsfähig zu machen, daß sie die Verwaltungsaufgaben der Gegenwart und — im Wege der Planung — diejenigen der Zukunft befriedigend lösen können, so drohen der Institution der Selbstverwaltung hieraus möglicherweise größere Gefahren als aus einem Verzicht auf die Verwirklichung des bürgerschaftlichen Elements. Gerade in dieser Ambivalenz von Machtabstufung einerseits und legitimen Leistungsstreben andererseits offenbart sich das der kommunalen Selbstverwaltung eigentümliche Wesen; erst dieses ständige Spannungsverhältnis charakterisiert das Prinzip der kommunalen Selbstverwaltung als verfassungsrechtliche Institution.

Wenn aber das Wesen kommunaler Selbstverwaltung nicht nur normativ zu begreifen ist, weil diese zugleich den jeweiligen zeitbedingten Forderungen der Verwaltungspraxis gerecht werden muß, so folgt daraus, daß das Verständnis der Institution der kommunalen Selbstverwaltung zwangsläufig einem dauernden Wandel unterliegt[38]. Historisch gewonnene Leitbilder können daher nicht ohne weiteres verfassungsrechtliche Relevanz für sich beanspruchen. Zwar hat das Bundesverfassungsgericht immer wieder gefordert, daß bei der Bestimmung des unantastbaren Kernbereichs der Selbstverwaltung „der geschichtlichen Entwicklung und den verschiedenen historischen Erscheinungsformen der Selbstverwaltung Rechnung getragen werden" müsse[39]. Am deutlichsten hat diese Auffassung in dem „Rathausparteien-Beschluß" des Zweiten Senats vom 12. Juli 1960[40] ihren Niederschlag gefunden. Danach „gehört es zum Wesen der in den überschaubaren Verhältnissen des 19. Jahrhunderts gewachsenen kommunalen Selbstverwaltung, daß sie von der Mitwirkung angesehener, mit den heimischen Verhältnissen besonders vertrauter Mitbürger getragen wird und sich an den besonderen Bedürfnissen der örtlichen Gemeinschaft orientiert".

Dabei sollte aber nicht übersehen werden, daß diese Entscheidung sich lediglich mit der Frage zu befassen hatte, ob es dem Gesetzgeber gestattet sei, durch ein Kommunalwahlgesetz ortsgebundene, lediglich kommunale Interessen verfolgende Wählergruppen, die sogenannten Rathausparteien, gegenüber den politischen Parteien hinsichtlich des Wahlvorschlagsrechts und der Teilnahme ihrer Kandidaten an der Wahl zu benachteiligen. Das Gericht, das in den Gründen seiner Entscheidung die

---

[37] *Rolf Wiese*, Garantie der Gemeindeverbandsebene, Frankfurt a. M. 1972, S. 38 (Schriften zum deutschen Kommunalrecht, Bd. 2); *Werner Weber*, Staats- und Selbstverwaltung in der Gegenwart, 2. Aufl. Göttingen 1967, S. 31 ff.; *Hans-Jürgen v. d. Heide*, Hat die kommunale Selbstverwaltung eine Zukunft?, in: DÖV, Jg. 21 (1968), S. 408 ff.
[38] *Steinbach-Becker*, S. 204; *Pagenkopf*, S. 5; *Niemeier*, S. 127 ff., 133; *Wilhelm Loschelder*, Die Kommunalverfassung in ihrer Bewährung, in: DÖV, Jg. 22 (1969), S. 805 f.
[39] BVerfGE 1, 167 (178); 7, 358 (364); 17, 172 (182); 22, 180 (205).
[40] BVerfGE 11, 266-277.

fundamentale Bedeutung der politischen Parteien im modernen demokratischen Parteienstaat auch auf der kommunalen Ebene hervorgehoben hat, lehnt es hier ab, die äußerste Konsequenz des Parteienstaates zu vollziehen und — entgegen dem Gleichheitsgrundsatz — den politischen Parteien hinsichtlich der Willensbildung auch in den Gemeinden und Kreisen eine Art Monopol einzuräumen. Der Hinweis auf die geschichtliche Entwicklung und die verschiedenen historischen Erscheinungsformen der kommunalen Selbstverwaltung dient hier also in Wirklichkeit nicht dazu, diese für die Gegenwart zu konservieren, sondern will den nur örtlich auftretenden Wählergruppen eine gewisse Chancengleichheit sichern.

Auch sonst würde man der Rechtsprechung des Bundesverfassungsgerichts nicht gerecht werden, wollte man in ihr lediglich die Tendenz sehen, in konservativem Beharren den überlieferten Formen kommunalen Lebens im Wege der Verfassungsinterpretation den Fortbestand zu sichern. Schon in einem der ersten Urteile hat das Bundesverfassungsgericht bemerkt, daß „die Gesamtheit der Normen und Grundsätze, die den historisch gewordenen Begriff der Selbstverwaltung ausmachen, nicht in dem Sinne als unabänderlich gelten kann, daß sie in keiner Hinsicht und zu keiner Zeit in ihrem Bestand angetastet werden dürfte... Es gibt Erscheinungsformen der Selbstverwaltung, die sich in gewissen Notlagen gewisse Einschränkungen gefallen lassen müssen. Der Maßstab, an dem die Zulässigkeit solcher Eingriffe in die Selbstverwaltung zu messen ist, kann kein einheitlicher sein; er ändert sich nach den besonderen Bedürfnissen der Zeit"[41]. So ist schon damals das „Gesetz 131" vom 11. Mai 1951 (BGBl. I S. 307), das die Not der aus ihren Ämtern verdrängten Personen unter anderem durch eine den Gemeinden auferlegte Unterbringungspflicht zu beseitigen suchte, vom Gericht für verfassungsmäßig erklärt worden, obwohl dadurch die Personalhoheit der Gemeinden empfindlich verkürzt worden war. Ähnliche allgemeine Einstellungspflichten für die Gemeinden ergeben sich nach konstanter Rechtsprechung des Bundesverfassungsgerichts aus einer nicht geringen Anzahl von anderen Gesetzen (z. B. für Schwerbeschädigte, Spätheimkehrer, Wiedergutmachungsberechtigte) sowie im Zusammenhang etwa mit Eingemeindungen und Auflösungen von Zweckverbänden wie schließlich darüber hinaus in besonders gelagerten Fällen[42].

Der Rückgriff des Gerichts auf die geschichtliche Entwicklung des Kommunalrechts hat also bei Licht besehen dazu gedient, gewisse Eingriffsbefugnisse staatlicher Behörden mit Rücksicht auf den Umstand, daß entsprechende Eingriffe seit jeher üblich gewesen seien, zu rechtfertigen. Das Betonen des historischen Wachsens der Selbstverwaltung war dazu bestimmt, dieser Institution Schranken zu setzen und nicht — wie es oft behauptet wird — ihr Gewicht besonders hervorzuheben. Es hieße also, die Rechtsprechung des Bundesverfassungsgerichts verkennen, wenn man ihr die Tendenz, überlieferte Organisationsformen zu versteinern, unterstellen wollte.

---

[41] BVerfGE 1, 167 (178).
[42] Vgl. z. B. BVerfGE 9, 268 (289 f.); 17, 172 (183 ff.).

II. Konsequenzen für den kommunalen Aufbau

Bezweckt nach den vorangegangenen Überlegungen das Prinzip der kommunalen Selbstverwaltung, durch größtmögliche Effizienz der unterstaatlichen Verwaltungskörper in erster Linie eine vertikale Abstufung hoheitlicher Gewalt zu erreichen, um die totale Machtkonzentration auf staatlicher Ebene zu verhindern, so muß sich für die Interpretation des Art. 28 GG die Frage anschließen, ob das Grundgesetz zur Verwirklichung dieses Zwecks einen bestimmten kommunalen Aufbau befiehlt oder verbindliche Maßstäbe für die zulässige Größenordnung der kommunalen Selbstverwaltungskörper setzt. Dabei stellt sich zunächst die Frage, ob Art. 28 GG über die primäre institutionelle Garantie des Selbstverwaltungsprinzips hinaus noch spezielle Gewährleistungen enthält, namentlich, ob es die Existenz bestimmter Typen von Selbstverwaltungskörpern garantiert[43] und damit eine zwingende organisatorische Grundentscheidung zugunsten eines bestimmten Aufbaus der unterstaatlichen Gebietskörperschaften trifft[44].

1. Existenzgarantie zugunsten bestimmter Arten von Selbstverwaltungskörpern

So wird im Schrifttum durchweg behauptet, das Grundgesetz verlange, „daß es Gemeinden gibt"; daneben wird vielfach eine Existenzgarantie zugunsten der Gemeindeverbände, insbesondere der Kreise angenommen. Für die nachfolgenden Überlegungen kann es nur auf die Feststellung ankommen, ob das Grundgesetz eine Garantie im Sinne eines verbindlichen Befehls enthält, der besagt, daß das *gesamte* Staatsgebiet prinzipiell lückenlos in bestimmte, näher bezeichnete Selbstverwaltungskörperschaften einzuteilen ist. Eine „Gewährleistung", die lediglich beinhaltet, es müsse unter der Herrschaft des Grundgesetzes bestimmte Typen von Selbstverwaltungskörpern *grundsätzlich*, aber nicht notwendig *überall* geben, würde für das hier zu behandelnde Thema nichts besagen; denn nicht über die totale Abschaffung solcher Typen — etwa im Wege einer globalen Gebietsreform — ist hier zu befinden, sondern die Frage ist nur, ob ein singulärer Vorgang wie die Vereinigung eines Ballungsraums zu einer Verwaltungseinheit verfassungsrechtlich zulässig ist.

a) Zum Wortlaut des Art. 28 Abs. 2 GG und zum Stand der Meinungen

Die in Art. 28 Abs. 2 GG enthaltene Garantie zielt verbal nur auf den Gegenstand der Selbstverwaltung, nicht auf den Bestand der Selbstverwaltungskörper[45];

---

[43] Daß die individuelle Gemeinde bzw. der einzelne Gemeindeverband kein Recht auf Existenz und Fortbestand hat, ist schon auf S. 11 vermerkt worden.
[44] So sieht Stern in Art. 28 GG gleich eine *dreifache* Garantie: eine „institutionelle Rechtssubjektsgarantie", eine „objektive Rechtsinstitutionsgarantie" und eine „subjektive Rechtsstellungsgarantie", vgl. *Klaus Stern*, in: Bonner Kommentar, Rdnr. 60 ff. und 174 ff. zu Art. 28 sowie *derselbe*, Die verfassungsrechtliche Garantie des Kreises, in: Der Kreis, Bd. 1, Berlin 1972, S. 161.
[45] Vgl. *Ernst Friesenhahn*, Die verfassungsrechtliche Garantie der kommunalen Selbstverwaltung in der Bundesrepublik Deutschland und im Land Nordrhein-Westfalen und die Rechtssprechung der Verfassungsgerichte, in: Der Staat als Aufgabe, Gedenkschrift für Max Imboden, hrsg. von Peter Saladin und Luzius Wildhaber, Basel und Stuttgart 1972, S. 128, Anm. 29.

ausdrücklich ist in dieser Bestimmung nur davon die Rede, welche Rechte den Gemeinden und Gemeindeverbänden zustehen. Das Grundgesetz geht mithin nicht so weit wie z. B. Art. 185 der Paulskirchenverfassung, nach der das ganze Reichsgebiet (lückenlos) in Gemeinden eingeteilt werden sollte. Auch die Verfassung des Freistaates Bayern vom 2. Dezember 1946[46] hat das Vorhandensein gewisser, bestimmt bezeichneter Gebietskörperschaften als unverzichtbares Prinzip staatlicher Organisation ausdrücklich garantiert. So heißt es in Art. 9 sehr deutlich: „Das Staatsgebiet gliedert sich in Kreise (Regierungsbezirke)... Die Kreise sind in Bezirke eingeteilt..." und in Art. 11: „Jeder Teil des Staatsgebietes ist einer Gemeinde zugewiesen. Eine Ausnahme machen bestimmte unbewohnte Flächen (ausmärkische Gebiete)...". Da solche Formulierungen im Grundgesetz fehlen — und übrigens auch im Parlamentarischen Rat nicht in Erwägung gezogen worden waren[47] —, läßt sich aus dem Wortlaut des Art. 28 Abs. 2 GG nicht ohne weiteres die Annahme herleiten, das Grundgesetz garantiere bestimmte kommunale Selbstverwaltungskörper. Als notwendige Konsequenz folgt aus dem Wortlaut nur, daß überhaupt unterstaatliche Körperschaften vorhanden sein müssen, in denen Selbstverwaltung praktiziert wird[48].

Auch die Tatsache, daß Art. 28 Abs. 2 GG die Gemeinden und Gemeindeverbände erwähnt und von „Rechten" spricht, die diese materiell wie formell — sogar gegebenenfalls mit Hilfe der Verfassungsbeschwerde vor dem Bundesverfassungsgericht respektive einem Landesverfassungsgericht (Art. 93 Abs. 1 Nr. 4b GG in Verbindung mit § 91 BVerfGG) — geltend machen können, weist noch nicht auf eine Bestandsgarantie dieser Körperschaften hin. Daß diese Rechte nicht existentieller Art, sondern auf die Ausübung eigenverantwortlicher Tätigkeit, mithin auf die Verwirklichung des Selbstverwaltungsprinzips gerichtet sind, zeigt sich darin, daß nach einhelliger Meinung zwar ein gewisser Kerngehalt an Selbstverwaltung für strikt unantastbar gehalten wird, aber dennoch so intensive Eingriffe in die kommunale Sphäre wie Eingemeindungen oder Auflösungen und Zusammenlegungen von Gemeinden oder Kreisen grundsätzlich für zulässig erachtet werden.

Rechtsprechung und Schrifttum stimmen, wie schon bemerkt, darin überein, daß nach Art. 28 Abs. 2 *Satz 1* GG die einzelne Gemeinde zwar individuell, nicht aber die Rechtseinrichtung als solche beseitigt werden kann[49]. Dagegen gehen die Meinungen über die Auslegung des Art. 28 Abs. 2 *Satz 2* GG auseinander. Vereinzelt wird der Standpunkt vertreten, das Grundgesetz sichere den Fortbestand *aller* der-

---

[46] GVBl. S. 333.
[47] Vgl. *Entstehungsgeschichte der Artikel des Grundgesetzes*, S. 253 ff., und im einzelnen Parlamentarischer Rat, Verhandlungen des Hauptausschusses, Teil 1, Bd. 2, Bonn 1948/49, S. 59 ff.
[48] Mit der besonderen Rechtslage in den Stadtstaaten befaßt sich Art. 28 Abs. 2 GG nicht, vgl. *Thieme*, Selbstverwaltungsgarantie, S. 325 ff.
[49] Vgl. z. B. *Wolff*, Bd. 2, § 86 VIII; *Stern*, in: Bonner Kommentar, Rdnr. 78 zu Art. 28; *Maunz-Dürig-Herzog*, Rdnr. 29 zu Art. 28 mit weiteren Nachweisen (Anm. 3); a. A.: *Bruno Schmidt-Bleibtreu* und *Franz Klein*, Kommentar zum Grundgesetz für die Bundesrepublik Deutschland, 2. Aufl. Neuwied und Berlin 1969, Rdnr. 7 zu Art. 28.

jenigen Gemeindeverbände, die es bei seinem Inkrafttreten vorgefunden hatte[50]. Die wohl herrschende Meinung sieht aus der Zahl der Gemeindeverbände *nur* den Kreis in seiner überlieferten Form als garantiert an[51]. Nach einer dritten Auffassung enthält das Grundgesetz lediglich eine Garantie zugunsten „irgendeines" Gemeindeverbandes zwischen Gemeinden und Staat[52]. Vereinzelt wird schließlich Art. 28 Abs. 2 Satz 2 GG dahin verstanden, daß diese Vorschrift es den Bundesländern überlasse, ob sie in ihrem Gebiet Gemeindeverbände ins Leben rufen wollen; lediglich wenn diese überhaupt existieren, gewähre ihnen das Grundgesetz das Recht der Selbstverwaltung[53].

b) Garantie der Gemeinden

Fordert das Grundgesetz zur Verwirklichung des Selbstverwaltungsprinzips als Minimum zwangsläufig *eine* kommunale Ebene, so liegt es nahe, mit der herrschenden Meinung zumindest die Gemeinden als garantiert anzusehen. Sie sind als Subjekt einer Garantie durch den ihnen in Art. 28 Abs. 2 Satz 1 GG zugewiesenen Aufgabenbestand hinreichend fixiert. Vor allem folgt aus dem dort festgelegten Grundsatz der Universalität, nach dem die Gemeinden generell alle auf ihrem Territorium anfallenden Aufgaben erledigen sollen, daß sie unverzichtbar sind.

Bei Licht besehen besagt eine solche Garantie der Gemeinden freilich nicht viel, weil der Begriff der Gemeinde von der Millionenstadt bis zur Kleinstgemeinde die

---

[50] *Helmut Naunin*, Minderheitsvotum zur institutionellen Garantie der Landschaftsverbände, in: Die kommunale und staatliche Neugliederung des Landes Nordrhein-Westfalen (Gutachten, erstattet durch die von der Landesregierung eingesetzte Sachverständigenkommission), Abschnitt C: Die staatliche und regionale Neugliederung des Landes Nordrhein-Westfalen, 3. Aufl. Köln 1968, S. 79 f., *Herbert-Fritz Mattenklodt*, Ist die Bildung von Regionalkreisen verfassungsrechtlich zulässig?, in: Kommunalpolitische Blätter, Jg. 21 (1969), S. 11.

[51] *Thieme*, Bund, S. 186 f.; *Erich Becker*, Die Selbstverwaltung als verfassungsrechtliche Grundlage der kommunalen Ordnung in Bund und Ländern, in: Handbuch der kommunalen Wissenschaft und Praxis, hrsg. von Hans Peters, Bd. 1: Kommunalverfassung, Berlin u. a. 1956, S. 141 ff., *Georg-Christoph v. Unruh*, Der Kreis — Ursprung und Ordnung einer kommunalen Körperschaft, Köln und Berlin 1964, S. 216; *Schnur*, S. 10; *Evers*, S. 765 ff.; *Pagenkopf*, S. 54 f.; *Werner Weber*, Staats- und Selbstverwaltung, S. 42; ferner: *derselbe*, Die Verwaltungs- und Gebietsreform des Landes Niedersachsen, in: Festschrift Victor Wurm „Für den Tag geschrieben", Göttingen 1968, S. 25; *Lerche*, S. 46 ff.; *Wiese*, S. 48; *Andreas Hamann* und *Helmut Lenz*, Das Grundgesetz für die Bundesrepublik Deutschland vom 23. Mai 1949, 3. Aufl. Neuwied und Berlin 1970, Anm. A 3 zu Art. 28; *Stern*, Die verfassungsrechtliche Garantie, insbesondere S. 170 ff.; sowie *derselbe*, Zur Problematik eines Regionalkreises im Großraum Hannover (Rechtsgutachten im Auftrag des Landkreises Burgdorf), 1971 (maschinenschriftlich), S. 15 f. (anders noch im *Bonner Kommentar*, Rdnr. 166 zu Art. 28).

[52] *Jürgen Salzwedel*, Kommunale Gebietsänderung und Selbstverwaltungsgarantien, in: DÖV, Jg. 22 (1969), S. 812; *Stephan Grüter*, Ist die Bildung von Regionalkreisen verfassungsrechtlich zulässig?, in: Kommunalpolitische Blätter, Jg. 21 (1969), S. 232; *Hermann v. Mangoldt* und *Friedrich Klein*, Das Bonner Grundgesetz, Bd. 1, 2. Aufl. Berlin und Frankfurt a. M. 1957, Anm. IV 2 a zu Art. 28; weitere Nachweise bei *Wiese*, S. 20, Anm. 8.

[53] *Köttgen*, Wesen und Rechtsform, S. 191; *Josef Isensee*, Subsidiaritätsprinzip und Verfassungsrecht, Berlin 1968, S. 247; VerfGH Rheinland-Pfalz, Amtliche Sammlung von Entscheidungen der Oberverwaltungsgerichte Rheinland-Pfalz und Saarland, Bd. 8, S. 231 (240 f.).

unterschiedlichsten Einheiten umfaßt. Die Annahme einer förmlichen Garantie, wonach die Gemeinden zwar individuell, nicht aber generell beseitigt werden könnten, ist nicht geeignet, die eingangs gestellte Frage nach den dem Gesetzgeber bei einer Gebietsreform gezogenen Grenzen zu beantworten, wenn es nach ihr erlaubt sein sollte, bestehende Gemeinden durch beliebige neue Körperschaften zu ersetzen und diese wiederum als „Gemeinden" zu kennzeichnen. Es wird sich also unvermeidlich die Frage anschließen müssen, welche Art kommunaler Körperschaften überhaupt noch als Gemeinden anzusprechen sind. Diese Frage kann nur aus dem Gesamtverständnis des Prinzips der kommunalen Selbstverwaltung unter besonderer Berücksichtigung dessen, was als Gemeinde betrachtet werden muß, heraus beantwortet werden. Ob insbesondere eine „Regionalstadt", wie sie etwa für das Gebiet des heutigen Großraums Hannover vorgeschlagen wird, nach Form und Größe noch als verfassungsmäßig angesehen werden kann, ist eine besondere Frage.

c) Garantie der Gemeindeverbände

aa) Allgemeines

Was die behauptete „Garantie der Gemeindeverbände" anbetrifft, so ergeben sich vom Begriff des Gemeindeverbandes her gesehen noch zusätzliche Schwierigkeiten[54]. Im strengen Sinn dürfte man unter Gemeindeverbänden nur die echten Verbands- oder Bundkörperschaften verstehen, die ihrerseits engere kommunale Körperschaften zu Mitgliedern haben[55]. Unter diesen Begriff wären etwa die in ihrer Verfassung dem bisherigen Verband Großraum Hannover vergleichbaren Landschaftsverbände Rheinland und Westfalen-Lippe sowie der Landeskommunalverband Hohenzollerische Lande[56], ferner die Samtgemeinden oder Ämter[57], nicht

---

[54] Noch im vorigen Jahrhundert nannte man auch die Gemeinden „Gemeindeverbände". An dieser Terminologie haben manche ältere Gesetze (so spricht § 36 HGB z. B. von Kommunalverbänden) noch länger festgehalten, obgleich spätestens die Weimarer Verfassung (Art. 127) beide Begriffe auseinanderhielt.

[55] *Wolff*, Bd. 2, § 85 III b 2; *Gönnenwein*, S. 377.

[56] Alle drei sind Nachkommen ehemaliger preußischer Provinzen; zu ihrer Entstehung: *Helmut Naunin*, Verfassungsrecht der regionalen Gemeindeverbände, in: Handbuch der kommunalen Wissenschaft und Praxis, hrsg. von Hans Peters, Bd. 1: Kommunalverfassung, Berlin u. a. 1956, S. 471 f. Während die preußischen Provinziallandtage aber seit 1920 direkt von der Bevölkerung gewählt wurden, werden in den genannten drei Verbänden die Mitglieder der Vertretungskörperschaften von den Kreisen und von den kreisfreien Städten bestellt; diese und nicht die Einwohner sind die Verbandsglieder. Vgl. im einzelnen die nordrhein-westfälische Landschaftsverbandsordnung vom 12. 5. 1953 (GVBl. S. 271) und das Gesetz über die Selbstverwaltung der Hohenzollerischen Lande vom 7. 9. 1950 (RegBl. S. 285).

[57] Beispielsweise wird nach § 75 Abs. 1 der Niedersächsischen Gemeindeordnung vom 4. 3. 1955 (GVBl. Sb. I S. 126) der Samtgemeinderat von den Mitgliedsgemeinden bestimmt. Ein Teil der Lehre rechnet dagegen die Zweckverbände nicht zu den Gemeindeverbänden, weil sie nur zur Erfüllung spezieller Ziele geschaffen sind, vgl. *Stern*, in: Bonner Kommentar, Rdnr. 80 zu Art. 28 mit weiteren Nachweisen. Ganz folgerichtig ist das nicht, da auch die Zweckverbände kommunale Aufgaben im Wege der Selbstverwaltung wahrnehmen, zweifelnd daher: *Maunz-Dürig-Herzog*, Rdnr. 27 zu Art. 28, und *Gönnenwein* S. 433.

aber die Kreise zu subsumieren, da diese — trotz ihrer föderativen Struktur — als unmittelbare, auf der Mitgliedschaft der Kreiseinwohner beruhende rechtliche Einheiten („Kreisgemeinden") zu verstehen sind[58]. Der Begriff des Gemeindeverbandes in Art. 28 GG muß schon aus diesem Grund weiter gefaßt werden und als „Verbundkörperschaften" außer den genannten Verbänden auch die Kreise und ferner die in Bayern und Rheinland-Pfalz bestehenden Bezirksverbände umfassen[59].

Es kann aber schlechterdings nicht der Sinn des Grundgesetzes sein, *sämtliche* genannten „Institutionen" durch eine ins Uferlose führende Gewährleistung existentiell abzusichern, zumal die meisten dieser Gemeindeverbände nicht im gesamten Bundesgebiet existieren, und so als partikuläre Besonderheiten schwerlich Gegenstand einer bundesverfassungsgesetzlichen Garantie sein können[60]. Eine Garantie der Gemeindeverbände hätte nur dann einen verfassungsrechtlich vertretbaren Sinn, wenn es gelänge, die Zahl der als unantastbar anzusehenden Gemeindeverbände sinnvoll zu begrenzen. Eine Beschränkung der Garantiewirkung des Art. 28 Abs. 2 Satz 2 GG auf solche Gemeindeverbände, die das Grundgesetz im Jahre 1949 vorgefunden hatte, würde eine nicht zu rechtfertigende Versteinerung bestehender Verwaltungsstrukturen zur Folge haben. Eine dahingehende Absicht, die auch bei der Schaffung des Grundgesetzes von keiner Seite geäußert worden ist, kann man dem Verfassungsgeber nicht unterstellen. Auch das Bundesverfassungsgericht hat — wie bereits des Näheren ausgeführt wurde — stets vermieden, auf der Erhaltung überlieferter Formen kommunalen Lebens zu beharren und ihnen durch eine entsprechende Interpretation des Grundgesetzes den Fortbestand zu sichern.

Auch wenn man — wie dies heute allgemein geschieht — die in Art. 28 Abs. 2 GG enthaltene Gewährleistung der kommunalen Selbstverwaltung als eine „institutionelle Garantie" charakterisiert[61], folgt daraus nicht, daß diese dazu bestimmt sei, den status quo, den der Verfassungsgeber vorgefunden hat, unverändert zu erhalten[62]. Die in der Tat etwas mißverständliche Formulierung, die institutionelle Garantie beziehe sich „immer auf etwas Gegenwärtiges, formiert und organisiert

---

[58] *v. Unruh,* Der Kreis — Ursprung und Ordnung einer kommunalen Körperschaft, S. 230 ff.; ferner *derselbe,* Verfassung und Auftrag des Kreises im demokratischen und sozialen Rechtsstaat, Köln und Berlin 1967, S. 13 f., *Gönnenwein,* S. 368; *Evers,* S. 768; *Günter Püttner,* Die politische Funktion des Kreises als Selbstverwaltungskörperschaft und seine Organisation, in: Der Kreis, Bd. 1, Köln und Berlin 1972, S. 152.
[59] *Wolff,* Bd. 2, § 85 III a 1, und im einzelnen § 90.
[60] So auch ausführlich *Wiese,* S. 23 ff., mit weiteren Nachweisen.
[61] Auch das Bundesverfassungsgericht hat die Lehre von den Einrichtungsgarantien übernommen, vgl. BVerfGE 6, 55 (72); 6, 309 (355); 10, 59 (66). Diese auf Grund des Art. 127 WV zunächst von Martin Wolff, später von Carl Schmitt entwickelte Lehre war zu einer Zeit entstanden, als über die Rechtsnatur der überaus zahlreichen verfassungsgesetzlichen Gewährleistungen jenes zweiten Teils der „Grundrechte und Grundpflichten der Deutschen" (Art. 109—165 WV) weithin Unklarheit bestand. Von den „klassischen" Grundrechten, den bürgerlich-rechtsstaatlichen Freiheitsverbürgungen, glaubte man die auch gegenüber dem Gesetzgeber geschützten institutionellen Garantien, die nicht als subjektive Rechte, sondern als Grundelemente objektiver Ordnung des Gemeinwesens verstanden wurden, unterscheiden zu müssen.
[62] So aber *Wiese,* S. 14.

Bestehendes und Vorhandenes"[63], will lediglich ausdrücken, daß nur solche Einrichtungen, die objektiv unterscheidbar und realiter anzutreffen sind, als schützenswerte Institutionen in Betracht kommen. Es hieße die Lehre von den institutionellen Garantien mißverstehen, wollte man mit ihrer Hilfe den Art. 28 Abs. 2 GG in eine Norm interpretieren, deren Zweck es ist, die vorgefundene kommunale Organisation für alle Zeiten zu erhalten.

Die institutionelle Garantie impliziert noch nicht einmal notwendig die Garantie der Rechtssubjekte, die die jeweilige Institution tragen und verwirklichen[64]. Gewiß kann die Verfassung neben der garantierten Institution — also etwa im Falle des Art. 28 Abs. 2 GG neben dem besonderen Verwaltungstypus der kommunalen Selbstverwaltung — im Einzelfall selbständig subjektive Rechte von Verfassungsrang begründen, die den Trägern der Institution zustehen oder sogar ihre Existenz gewährleisten. Eine solche kumulative Verbindung verlangte jedoch eine eindeutige Festlegung, an der es im Grundgesetz gerade fehlt.

So gesehen erscheint der Versuch, eine aus Art. 28 Abs. 2 Satz 2 GG abzuleitende Garantiewirkung auf den Kreis zu beschränken, noch am ehesten geeignet, dieser Bestimmung einen Sinn zu geben. Der Kreis ist — von den Stadtstaaten abgesehen — in allen Bundesländern verbreitet und weist zudem dort trotz verschiedener Ausgestaltungen in den Kreisordnungen der Länder im Kreisverfassungsrecht zahlreiche Gemeinsamkeiten auf. Hinzu kommt, daß Art. 28 Abs. 1 Satz 2 GG neben den Ländern und den Gemeinden aus der Zahl der Gemeindeverbände allein den Kreis für wichtig genug ansieht, um für ihn eine aus unmittelbaren Wahlen hervorgegangene Volksvertretung vorzuschreiben. Die Frage einer Garantie der Kreise verdient daher eine gesonderte Betrachtung.

bb) Garantie der Kreise

Dabei sollte man sich indes vor Augen halten, daß zwar alle Bundesländer mit Ausnahme der Stadtstaaten als kommunale Zwischenstufe die Kreise kennen, die zudem flächenmäßig 95% des Bundesgebiets erfassen, daß gleichwohl aber nur 61% der Bevölkerung in Kreisen leben[65]. Man beschriebe also die Verfassungswirklichkeit ungenau, wenn man die Kreise als die regelmäßige Form kommunaler Verwaltung bezeichnen wollte; von einer lückenlosen Existenz der Kreise kann nicht die Rede sein.

Aus dem Wortlaut des Art. 28 Abs. 1 Satz 2 GG, der zur Begründung einer Garantie der Kreise immer wieder herangezogen wird, ergibt sich unmittelbar nur, daß nach dem Vorbild des Bundestages auch die Volksvertretungen der Kreise — ebenso wie die der Länder und Gemeinden — durch demokratische Wahlen legiti-

---

[63] So *Carl Schmitt*, Freiheitsrechte und institutionelle Garantien der Reichsverfassung (1931), in: Verfassungsrechtliche Aufsätze aus den Jahren 1924—1954. Materialien zu einer Verfassungslehre, 2. Aufl. Berlin 1973, S. 155.
[64] Daß institutionelle Garantien das Vorhandensein von Rechtssubjekten nicht voraussetzen, zeigt sich an der Institution des Berufsbeamtentums; so auch schon *Schmitt*, S. 149.
[65] Die Zahlen (Stand vom 27. 5. 1970) finden sich bei *Frido Wagener*, Der Kreis im Gefüge der Verwaltungsorganisation, in: Der Kreis, Bd. 1, Köln und Berlin 1972, S. 48 f.

miert werden sollen. Der Zusammenhang, in dem dieser Satz steht, bestätigt diese Auffassung: Art. 28 *Abs. 1* GG handelt von den Mindestanforderungen an die Organisation hoheitlicher Macht, die das Grundgesetz auf allen Teilgebieten seines Geltungsbereichs um einer gewissen politischen Homogenität willen erfüllt wissen will. Deshalb werden hier die fundamentalen verfassungsrechtlichen Prinzipien wie z. B. die der Demokratie und der Rechtsstaatlichkeit angesprochen. Von besonderen Gewährleistungen zugunsten der Gebietskörperschaften ist in Art. 28 Abs. 1 GG nicht die Rede[66].

Aber auch in Art. 28 *Abs. 2* GG, der von den Aufgaben und Rechten der Selbstverwaltungskörper handelt, wird von den Kreisen nicht gesprochen. Statt dessen ist hier wie auch sonst im Grundgesetz — vgl. z. B. Art. 93 Abs. 1 Nr. 4 Buchst. b GG im Zusammenhang mit § 91 BVerfGG sowie die das Finanzwesen betreffenden Art. 104 a ff. GG — immer nur von „Gemeinden" und „Gemeindeverbänden" die Rede.

Ein Blick auf die Entstehungsgeschichte des Art. 28 GG mag verdeutlichen, daß es auch den sogenannten Vätern des Grundgesetzes ferngelegen hatte, eine förmliche Bestandsgarantie zugunsten der Kreise zu schaffen. Art. 28 *Abs. 1* GG hat sein Vorbild in Art. 17 der Weimarer Verfassung. Dort hieß es (im ersten Hauptteil „Aufbau und Aufgaben des Reichs"):

Jedes Land muß eine freistaatliche Verfassung haben. Die Volksvertretung muß in allgemeiner, gleicher, unmittelbarer und geheimer Wahl von allen reichsdeutschen Männern und Frauen nach den Grundsätzen der Verhältniswahl gewählt werden. Die Landesregierung bedarf des Vertrauens der Volksvertretung.

Die Grundsätze für die Wahlen zur Volksvertretung gelten auch für die Gemeindewahlen. Jedoch kann durch Landesgesetz die Wahlberechtigung von der Dauer des Aufenthalts in der Gemeinde bis zu einem Jahr abhängig gemacht werden.

Demgegenüber ist Art. 28 *Abs. 2* GG anderen Ursprungs. Er ist dem Art. 127 WV nachgebildet, der sich im zweiten Hauptteil „Grundrechte und Grundpflichten der Deutschen" (zweiter Abschnitt: „Das Gemeinschaftsleben") fand. Die Vorschrift lautete: Gemeinden und Gemeindeverbände haben das Recht der Selbstverwaltung innerhalb der Schranken der Gesetze.

Gerade die unterschiedliche Stellung dieser beiden Vorschriften macht deutlich, daß der heutige Art. 28 GG — selbst eine in sich wenig homogene Vorschrift — nicht mit Hilfe eines behaupteten inneren Zusammenhanges der Absätze 1 und 2 interpretiert werden kann. In Abs. 1 ist nicht zufällig nicht von Rechten oder rechtsähnlichen Positionen der darin erwähnten Gebietskörperschaften die Rede. Auch war es nur folgerichtig, daß seinerzeit unter der Herrschaft der Weimarer Verfassung die Lehre von der institutionellen Garantie der kommunalen Selbstverwaltung ausschließlich aus Art. 127 WV abgeleitet wurde. Auch der Herrenchiemsee-Entwurf fügte sich in dieses Gesamtbild ein. Ursprünglich hatte sich dieser an dem Vorbild

---

[66] Auch die mehrfache Erwähnung der Länder in Art. 28 Abs. 1 GG ist niemals als Existenzgarantie zu deren Gunsten gedeutet worden. Daß die Länder gewährleistet sind, folgt aus der in Art. 20 Abs. 1 GG enthaltenen Verfassungsentscheidung für den Bundesstaat.

des Art. 17 WV orientiert, indem er das Prinzip demokratischer Wahlen nur für die Zusammensetzung der Landtage vorsah. Auch der für die Vorarbeiten am heutigen Art. 28 GG eingesetzte Ausschuß für Zuständigkeitsabgrenzung sowie der Grundsatzausschuß hielten noch an dieser Grundkonzeption fest. Erst der Allgemeine Redaktionsausschuß dehnte sie — insoweit ohne nähere Begründung — in seinem Vorschlag vom 13. Dezember 1948, der im übrigen vorwiegend stilistische Veränderungen brachte, auf Kreise und Gemeinden aus[67].

In der darauffolgenden 2. Lesung im Hauptausschuß am 15. Dezember 1948 wurde zwar diese Ausdehnung eingehend erörtert; dabei ging es jedoch allein um die besondere Problematik, die sich daraus ergab, daß in den Kleinstgemeinden die Wahl einer Volksvertretung für sinnlos erachtet wurde. Um diesen Besonderheiten gerecht zu werden, fügte man dem ersten Absatz den ergänzenden dritten Satz an, nach dem in Gemeinden an die Stelle einer gewählten Körperschaft die Gemeindeversammlung treten kann[68]. Über eine Bestandsgarantie zugunsten der Kreise wurde weder in der zweiten noch in den folgenden Lesungen des Hauptausschusses gesprochen[69]; das Plenum nahm die Fassung des Hauptausschusses ohne nähere Erörterung der hier interessierenden Fragen in zweiter und dritter Lesung an[70].

Weder mit Hilfe der Wortinterpretation noch der historischen Auslegung an Hand der Gesetzesmaterialien ergeben sich mithin Anhaltspunkte für die Annahme einer unmittelbar aus Art. 28 GG herauszulesenden Garantie der Kreise. Das dürfte seinen Grund darin haben, daß es aus der Sicht der Jahre des Wiederaufbaus öffentlichen Lebens für selbstverständlich gehalten wurde, die herkömmliche Verwaltungsstruktur, wie sie vor 1933 bestanden hatte, beizubehalten[71]; die Vorstellung, daß eine kommunale Einheit von den Ausmaßen etwa des Großraums Hannover an die Stelle traditioneller Landkreise treten könnte, war den Mitgliedern des Parlamentarischen Rats nicht gegenwärtig. Aber diese historische Betrachtungsweise kann es nicht rechtfertigen, aus dem Wortlaut des Art. 28 Abs. 1 GG für die Kreise eine verfassungsrechtliche Existenzgarantie herauszulesen.

Mit dieser Interpretation verliert das in Art. 28 Abs. 1 Satz 2 GG enthaltene Demokratiegebot, das sich mit gutem Grund neben den Gemeinden auch auf die Kreise bezieht[72], nicht seinen verfassungspolitischen Sinn. Gerade in Gebieten mit ländlichen, d. h. in der Regel leistungsschwachen Gemeinden bedarf der (Land-) Kreis — wegen des besonderen Gewichts seiner Aufgaben im Grunde noch eher als die Gemeinden mit ihrem verhältnismäßig bescheidenen Wirkungskreis — der demokratischen Legitimation. Daraus folgt jedoch für den Gesetzgeber nicht die Not-

---

[67] Drucksache Nr. 370 des Parlamentarischen Rats (Teil 2, Bd. 4).
[68] Parlamentarischer Rat, Verhandlungen des Hauptausschusses, Teil 1, Bd. 2, Bonn 1948/49, S. 324.
[69] Ebenda, S. 624, 750.
[70] Parlamentarischer Rat, Stenographischer Bericht, Bd. 1, S. 181 und 201 ff.
[71] Vgl. auch *Gönnenwein*, S. 247, Anm. 6.
[72] Nach *Evers*, S. 769, legitimieren „die örtliche und nachbarschaftliche Bezogenheit der umfassend gestellten Aufgaben und ihre Wahrnehmung als eigene Angelegenheit" die Unterstellung auch des Kreises unter das Demokratiegebot.

wendigkeit, *überall* Kreise zu schaffen, respektive bestehende Kreise zu erhalten. Gewiß könnte hiernach Art. 28 Abs. 1 Satz 2 GG dort partiell „leerlaufen", wo sich der Landesgesetzgeber entschließt, die Kreise durch andersartige Gebilde zu ersetzen. Ein solcher Leerlauf des Art. 28 Abs. 1 Satz 2 GG wäre aber zu verhüten, wenn man sich entschließen könnte, aus dem Sinngehalt dieser Vorschrift über ihren Wortlaut hinaus allgemein ein Demokratiegebot auch für andere, an die Stelle der Kreise tretende höhere kommunale Einheiten abzuleiten[73].

Mit den Überlegungen, die darauf hinauslaufen, daß das Grundgesetz eine Garantie der Kreise nicht enthält, soll nicht in Abrede gestellt werden, daß die herkömmlichen Kreise eine Reihe von Vorzügen aufweisen und Funktionen erfüllen, die sie auch in der Gegenwart weithin, wenn nicht sogar in aller Regel, unverzichtbar machen. Neben der traditionellen Ausgleichs- und Ergänzungsfunktion des Kreises wird mit Recht vor allem immer wieder der Wert des Kreises als eines politischen Integrationsraums betont[74]. In jüngster Zeit treten sogar neuartige Aufgaben, die sich den Kreisen aus der zunehmenden Verrechtlichung aller Lebensbereiche erschließen, ins Blickfeld: danach soll der Kreis geradezu prädestiniert sein, die auf den örtlichen Selbstverwaltungsträger eindringende „Flut gemeindeexterner Richtsätze" — etwa auf den Gebieten des Bau- und Gewerberechts — entsprechend den besonderen kommunalen Bedingungen zu koordinieren und zu harmonisieren, da die kleineren Gemeinden in aller Regel die dazu erforderlichen technischen und personellen Voraussetzungen nicht erfüllen könnten[75].

Andere Autoren wiederum sehen den herkömmlichen Kreis als überholt an und bezeichnen etwa den Regionalkreis oder die Regionalstadt als die Modelle der europäischen Zukunft, deren Schaffung ihrer Bedeutung nach den Steinschen Reformen gleichkomme[76]. Hier soll nun nicht versucht werden, die Kreise etwa als Anachronismen in einer veränderten Umwelt hinzustellen. Die genannten Vorzüge des Kreises sind legitime Gesichtspunkte des öffentlichen Wohls, die bei jeder Gebietsreform zu beachten sind und im Einzelfall den Kreis als die angemessene Form kommunaler Verwaltung erscheinen lassen können. Andererseits ist außer Zweifel die Entwicklung im Fluß. Die Diskussion der Praktiker um die optimale Organisation der kommunalen Zwischenebene beweist sogar, daß zur Zeit keine Organisationsform, auch

---

[73] Vgl. auch *Dierk Freudenberg*, Mittelbare und unmittelbare Wahl in Kreisen und höheren Gemeindeverbänden, Göttingen 1970, S. 198 ff., insbesondere S. 203 (Schriftenreihe des Deutschen Städtebundes, H. 16).
[74] z. B. *Evers*, S. 766, *Eberhard Laux*, Die administrative Funktion des Kreises, in: Der Kreis, Bd. 1, Köln und Berlin 1972, S. 100 f.; *Stern*, Die verfassungsrechtliche Garantie, S. 172; *Püttner*, Die politische Funktion, S. 154; allgemein: *Frido Wagener*, Neubau der Verwaltung, Berlin 1969, S. 6 ff. (Schriftenreihe der Hochschule Speyer, Bd. 41).
[75] *Lerche*, S. 54 ff., ihm folgend *Wiese*, S. 39 ff.
[76] *Grüter*, S. 233; *Rüdiger Göb*, Die Zukunft der kommunalen Selbstverwaltung, in: DÖV, Jg. 22 (1969), S. 840 ff. Zur Diskussion in der Verwaltungspraxis vgl. vor allem die grundlegenden Untersuchungen von *Wagener*, Neubau der Verwaltung, insbesondere Teil IV; *Klaus Lange*, Die Organisation der Region, Diss. Göttingen 1968, sowie das Sachverständigengutachten *Verwaltungs- und Gebietsreform in Niedersachsen*, hrsg. vom Niedersächsischen Minister des Innern, Hannover 1969, insbesondere Bd. 1, S. 65—120 und 121—226.

nicht der Kreis, für sich in Anspruch nehmen kann, die einzig sachgerechte und darum *überall* unverzichtbare zu sein. Kommen im Einzelfall die unterschiedlichen, am Gesetzgebungsverfahren beteiligten politischen Kräfte nach Abwägung aller Gesichtspunkte zu dem Entschluß, bestehende Kreise durch andersartige Einheiten, mögen dies Regionalstädte oder Regionalkreise sein, zu ersetzen, so ist dies ein gewichtiges Indiz dafür, daß die Kreise *dort* jedenfalls verzichtbar sind. So erscheint es verfehlt, den Kreis unter Hinweis auf bestimmte, angeblich vorgegebene „Leitbilder" verfassungsrechtlich abzusichern.

Allenfalls können gewisse leitende Gedanken als „Topoi" herausgestellt werden, die für die Interpretation der kommunalen Selbstverwaltung herangezogen werden können. Mit ihrer Hilfe und an Hand politologischer, soziologischer oder ökonomischer Analysen der zu ordnenden Gebietsteile läßt sich von Fall zu Fall aufzeigen, ob eine gesetzliche Reform das Selbstverwaltungsprinzip optimal verwirklicht und damit als geglückt anzusehen ist. Verfehlt der Gesetzgeber dieses Ideal einer effektiv arbeitenden und zugleich durch Bürgernähe, Überschaubarkeit, Zusammengehörigkeitsgefühl der Einwohner, kurz: durch ihren Integrationswert gekennzeichneten kommunalen Verwaltung, so läßt sich dies *rechtlich* jedoch nur in den extremen Fällen, welche die Verfassung nicht tolerieren kann, beanstanden[77]. Erst dann also, wenn der Verzicht auf Kreise im Einzelfall zu einer kommunalen Ordnung führen würde, die sich offenbar als unfähig erweist, durch eine echte Gewaltenabstufung den vom Grundgesetz gewollten machthemmenden Effekt zu erzielen, wäre Art. 28 Abs. 2 GG verletzt. Generell aber ist der Kreis nicht garantiert.

d) Ergebnis

Hiernach vermögen alle Versuche, aus Art. 28 Abs. 2 GG neben der institutionellen Garantie der kommunalen Selbstverwaltung besondere Existenzgarantien herzuleiten, wie es eine vordergründige Betrachtung nahelegen mag, dem Sinngehalt dieser Vorschrift nicht gerecht zu werden. Er besteht, vom Staatsganzen her gesehen, primär nicht darin, bestimmte Gebietskörperschaften zu erhalten; im Vordergrund steht vielmehr — wie oben gezeigt — der in der Gewaltenabstufung liegende machthemmende Effekt. Da dieses Ziel nur durch leistungsfähige, gut funktionierende Selbstverwaltungskörper zu verwirklichen ist, kommt es für die Feststellung, ob eine Gebietsreform gegen das Grundgesetz verstößt, weniger auf die äußere Form der zwischen Staat und Bürger vermittelnden kommunalen Körperschaften als darauf an, ob diese materiell eine funktionierende Selbstverwaltung ermöglichen. Das erklärt auch, daß es kein Widerspruch ist, wenn die herrschende Meinung in Schrifttum und Judikatur einerseits staatliche Eingriffe in den Kernbestand des Selbstverwaltungsrechts der Kommunen als Verfassungsverstöße betrachtet, andererseits aber keinen Anstoß an der totalen Auflösung oder Zusammenlegung von Gemeinden und Kreisen nimmt. Dahinter steht der Gedanke, daß das Grundgesetz die Freiheit und Selbständigkeit der Kommunen — die ihrerseits

---

[77] Zur Frage der gerichtlichen Nachprüfbarkeit derartiger gesetzlicher Reformen siehe unter C, S. 51.

notwendig deren Leistungskraft voraussetzen — höher einschätzt als ihre äußere Gestalt.

Sprechen diese Überlegungen auch gegen die Annahme existentieller Garantien zugunsten bestimmter Gebietskörperschaften, so braucht eine dahingehende Interpretation des Art. 28 GG in der Verfassungswirklichkeit doch nicht zu einer schwächeren Stellung der Kommunen zu führen. Diese partizipieren nämlich notwendig an der Garantie der kommunalen Selbstverwaltung. Das Prinzip der kommunalen Selbstverwaltung ist naturgemäß ohne die Existenz geeigneter kommunaler Einheiten nicht zu realisieren. Es setzt Motoren voraus, die es überhaupt erst in Kraft setzen und mit Leben erfüllen und deshalb mit eigenen Rechten auszustatten sind. Wo sie für den Fortbestand einer funktionierenden Selbstverwaltung unentbehrlich sind, werden sie schon durch die allgemeine Garantie einer im materialen Sinn zu verstehenden kommunalen Selbstverwaltung gesichert. So würde ein evidenter Verfassungsverstoß etwa in einem Gesetz zu sehen sein, das in einem dünnbesiedelten, aus leistungsschwachen Gemeinden bestehenden Landesteil die dort notwendigen Kreise ersatzlos beseitigt. Es würde aber schwerlich einleuchten, weshalb das Grundgesetz heute noch in den grundlegenden Abschnitt „Der Bund und die Länder" bestimmte Existenzgarantien aufnehmen sollte, die letzten Endes nicht viel mehr als die Sicherung äußerer Besitzstände oder politischer Machtpositionen bedeuten würden.

Eine Verfassung, die wie das Grundgesetz nach der hier vertretenen Auffassung nicht so sehr auf die Form als vielmehr auf Gewicht und Qualität der Selbstverwaltung abstellt, muß daher im Interesse einer sachgerechten Anpassung der unterstaatlichen Verwaltungskörper an die Anforderungen der Zeit flexibel genug interpretiert werden, um auch gegebenenfalls eine gesetzliche Kommunalreform zu gestatten, die hergebrachte Verwaltungsformen radikal beseitigt. So gesehen kann in Zeiten gesellschaftlicher Veränderungen und gewandelter Ansprüche an die öffentliche Verwaltung ein Mehr an formalen Garantien ein Weniger an materieller kraftvoller Selbstverwaltung sein, weil ein verbindliches Gerüst garantierter Körperschaften die Freiheit des Gesetzgebers mehr als vom Grundgesetz gewollt einschnüren würde und damit dem Selbstverwaltungsprinzip abträglich wäre.

So verbleibt nach allem dem Art. 28 Abs. 2 GG der Sinn, daß den Gemeindeverbänden *dort, wo sie existieren*, das Recht der Selbstverwaltung zusteht; Art. 28 Abs. 1 Satz 2 GG gebietet demokratische Kreistagswahlen gleichfalls nur unter der Voraussetzung, daß der Landesgesetzgeber Kreise geschaffen hat; eine darüber hinausgehende Existenzgarantie ist allenfalls zugunsten der Gemeinden, nicht aber zugunsten der Gemeindeverbände, namentlich der Kreise, aus Art. 28 GG abzuleiten.

2. Verfassungsrechtliches Gebot eines mehrstufigen kommunalen Aufbaus

Garantiert das Grundgesetz keine bestimmten Gemeindeverbände, so schließt das nicht aus, daß es jedenfalls allgemein die *Gemeindeverbandsebene* und damit grundsätzlich einen mehrstufigen kommunalen Aufbau verlangt, der regelmäßig aus der örtlichen Ebene der Gemeinden und mindestens einer weiteren, zwischen den Gemeinden und dem Staat einzuordnenden Ebene bestehen müßte[78]. Diese Frage wird für solche Modelle aktuell, die in einem bestimmten Gebiet den dort bestehenden mehrstufigen Aufbau durch eine Einheitsgemeinde, die „Regionalstadt", ersetzen wollen und auch durch eine Bezirksverfassung kein Äquivalent für die untere kommunale Ebene schaffen können.

Abgesehen von der Unbestimmtheit einer solchen „Garantie irgendeines Gemeindeverbandes" — sie beläßt dem Gesetzgeber eine Fülle von Lösungsmöglichkeiten und erweist sich damit für eine spezielle Gewährleistung neben der primären institutionellen Garantie der kommunalen Selbstverwaltung als ungeeignet —, verfehlt auch sie jedenfalls die Verfassungswirklichkeit, die eine durchgehend mehrstufig aufgebaute kommunale Verwaltung nicht kennt und die eine wirklichkeitsnahe Verfassungsinterpretation nicht ignorieren darf. Vor allem beweist die bunte Vielfalt kommunaler Organisationsformen, daß es, aufs Ganze gesehen, verfehlt ist, die gemeindliche Ebene, die von der Zwerggemeinde bis zur Millionenstadt reicht, und die übergemeindliche Ebene, die gleichfalls eine ganze Skala verschiedenster gebietskörperschaftlicher Zusammenschlüsse umfaßt, als zwei qualitativ oder auch nur quantitativ unterscheidbare Ebenen anzusehen.

Mit Recht läßt sich bezweifeln, ob sich örtliche und überörtliche Aufgaben begrifflich überhaupt so trennen lassen, wie es dem Grundgesetz in Art. 28 Abs. 2 anscheinend vorschwebt[79]. So erschöpft sich beispielsweise die Tätigkeit der Kreise längst nicht mehr im Straßenbau und anderen ihrer Natur nach überörtlichen Verwaltungstätigkeiten; die Einrichtung von weiterführenden Schulen, Krankenhäusern, Altenheimen, Erholungsstätten, Versorgungsbetrieben und so fort wird nur deshalb von vielen Kreisen übernommen, weil sie die Leistungskraft kleinerer Gemeinden übersteigt. Die konkrete Aufgabenverteilung zwischen Gemeinden und Kreisen beruht vielfach auf den unterschiedlichen Gegebenheiten des Einzelfalles und nicht auf einer vermeintlichen Wesensverschiedenheit dieser beiden Körperschaften. Die Verteilung der Kompetenzen ist bestimmt durch das Bestreben, alle Kreiseinwohner durch ein den speziellen Voraussetzungen angepaßtes Zusammenwirken von Gemeinde und Kreis gleichmäßig und optimal mit denjenigen Leistungen zu versorgen, die andernorts, nämlich in den kreisfreien Städten, von *einem* Verwaltungsträger erbracht werden. Das Wesen der kommunalen Selbstverwaltung ist überhaupt nur aus diesem wechselseitigen Verhältnis der einzelnen Selbstverwaltungskörper zueinander zu begreifen[80].

Entfällt aber die Möglichkeit, die gemeindliche Ebene ihrer Funktion nach qualitativ überzeugend von der übergemeindlichen Ebene abzugrenzen, so fehlt ein einleuchtender Grund für die Annahme, die Verfassung fordere prinzipiell *mehrere*

---

[78] In diesem Sinne hatte sich schon *Carlo Schmid* — unwidersprochen — im Hauptausschuß des Parlamentarischen Rats geäußert, vgl. Parlamentarischer Rat, Verhandlungen des Hauptausschusses, Teil 1, Bd. 2, Bonn 1948/49, S. 323.
[79] Vgl. *v. Unruh*, Verfassung und Auftrag des Kreises, S. 20—22.
[80] § 20 Abs. 2 der schleswig-holsteinischen Kreisordnung bringt diesen Gedanken treffend zum Ausdruck: „Kreis und Gemeinden sollen im Zusammenwirken alle Aufgaben der örtlichen Selbstverwaltung erfüllen".

Selbstverwaltungsebenen. Zwar wird sich auch noch in nächster Zukunft ein mehrstufiger kommunaler Aufbau nicht nur als zweckmäßig, sondern mit Rücksicht auf das in einem materialen Sinn verstandene Prinzip der Selbstverwaltung sogar als verfassungsrechtlich geboten erweisen. Für diese Fälle aber bedarf es einer zusätzlichen verfassungsrechtlichen Garantie eines mehrstufigen kommunalen Aufbaus gerade nicht. Da aber andererseits — wie die augenblickliche Diskussion in der ganzen Bundesrepublik, insbesondere im Ruhrgebiet zeigt — sogar „Stadtlandschaften" größeren Stils immerhin ernsthaft erwogen wurden, erscheint eine Garantie des mehrstufigen Aufbaus in letzter Konsequenz als eine vom Grundgesetz nicht eindeutig geforderte und daher nicht zu rechtfertigende Einengung des gesetzgeberischen Spielraums; sie kann in bestimmten, besonders gelagerten Situationen ein Hindernis dafür sein, daß jeder Teil der Bevölkerung die für ihn optimale kommunale Organisation erhält.

Nun ist freilich nicht zu übersehen, daß mit dem Fortfall der Gemeindeverbandsebene der Verzicht auf eine weitere kommunale Plattform demokratischer Willensbildung verbunden wäre. Dieses Argument könnte — so scheint es — gerade im Hinblick auf die hier erhobene Forderung nach einer wirksamen Gewaltenabstufung als einem Gebot liberaler Demokratie an Gewicht gewinnen[81]. Man sollte sich jedoch vor Augen halten, daß die Qualität einer freiheitlich demokratischen Lebensform nicht in dem Maße wächst, in dem besondere Vertretungskörperschaften geschaffen werden. Ob sich ein intermediärer Gewaltenträger oberhalb der Gemeinden als notwendig erweist, ist nicht aus dem Verständnis des Selbstverwaltungsprinzips zu beurteilen, sondern ist eine Frage der Landespolitik. Es wäre eine Illusion zu glauben, daß auf dem flachen Land mit dem dort bestehenden mehrstufigen Aufbau eine intensivere Gewaltenabstufung erreicht sei als in der einstufig organisierten kreisfreien Großstadt. Ein verfassungsrechtliches Gebot eines prinzipiell mehrstufigen kommunalen Aufbaus ist nach allem aus Art. 28 GG nicht abzuleiten.

III. Konsequenzen für die Größe der kommunalen Körper

1. Allgemeines

Fordert Art. 28 Abs. 2 GG nach dem bisher Gesagten nicht die Existenz bestimmter Arten von Gemeindeverbänden oder prinzipiell für das gesamte Bundesgebiet einen einheitlichen kommunalen Aufbau, so folgt daraus zwar, daß der Gesetzgeber im Zuge einer Gebietsreform die Größe der Kommunen bestimmen kann, ohne von Verfassungs wegen an die Typik bestimmter Gemeindeverbände, namentlich an ein mit normativer Kraft ausgestattetes „Leitbild des Kreises" gebunden zu sein. Dennoch stellt sich für die Neuordnung eines Ballungsgebiets wie die des Großraums Hannover die Frage, ob die Zusammenfassung des gesamten Großraums in *einen* — wie auch immer rechtlich konzipierten — kommunalen Körper von dieser bislang einmaligen Größe verfassungsrechtlich zulässig ist. Dabei erscheint es zweckmäßig,

---

[81] In diesem Sinne ist *Wiese*, S. 36 f., zu verstehen.

da das Grundgesetz in Art. 28 Abs. 2 die Stellung der Gemeinden besonders hervorhebt, in erster Linie nach einer größenmäßigen Begrenzung der Gemeinden — mit anderen Worten: nach der Zulässigkeit des Modells einer *Regionalstadt* — zu fragen.

Die Schwierigkeit, der „Größe" eines Gemeinwesens juristische Maßstäbe anzulegen, liegt darin, daß es sich bei ihr um einen komplexen Begriff handelt: maßgebend ist nicht die isoliert betrachtete Einwohnerzahl, sondern erst deren Zusammenhang mit anderen Faktoren, vor allem der flächenmäßigen Ausdehnung, der Landschaftsform und den Verkehrsverhältnissen. So läge beispielsweise das Novum einer „Regionalstadt Hannover" im Grunde nicht in ihrer Einwohnerzahl von gut einer Million, die in Berlin, Hamburg und München übertroffen und in anderen Städten jetzt oder in naher Zukunft — etwa nach Eingemeindungen — annähernd erreicht wird. Auch die vorgesehene Fläche von 2300 qkm, die der mancher im Zuge der Gebietsreform neugeschaffenen Landkreise entspricht[82], würde vermutlich in der öffentlichen Diskussion nicht die gleichen Bedenken auslösen, wenn es sich hierbei um eine im großen und ganzen geschlossen bebaute Siedlung handeln würde, die damit dem vertrauten Bild einer herkömmlichen Großstadt, wie sie noch vor zwanzig Jahren typisch war[83], eher entsprechen würde. Weniger die räumliche Dimension einer solchen Riesenstadt scheint also Bedenken zu erregen als vielmehr ihr Abweichen vom bisher als „normal" Empfundenen.

So basieren die gegen eine Regionalstadt erhobenen Einwände offensichtlich auf der Annahme, das Grundgesetz gewährleiste einen quantitativ und qualitativ definierbaren „Typus der Gemeinde", indem es bestimmte unverzichtbare Wesenszüge eines kommunalen Selbstverwaltungskörpers normativ festsetze. Es wird behauptet, eine Regionalstadt von den geschilderten Ausmaßen könne wegen ihrer Größe eine auf der Verbundenheit der Einwohner beruhende Selbstverwaltung nicht mehr entwickeln; außerdem lasse sie eine bevölkerungsnahe und bevölkerungsverbundene Verwaltungstätigkeit nicht mehr zu[84]. Beide Argumente sind auseinanderzuhalten, weil sie — wie sich zeigen wird — unterschiedlicher Natur sind.

---

[82] z. B. die Kreise Rendsburg-Eckernförde mit 2168 qkm und Nordfriesland mit 2024 qkm, vgl. *Statistisches Jahrbuch für die Bundesrepublik Deutschland 1973*, Abschnitt 1, Nr. 4, S. 36 (Stand vom 31. 12. 1971).

[83] Vgl. *Wilhelm Wortmann*, Aufgaben der Regionalplanung, in: Die Ordnung des größeren Raumes (Referate der Arbeitstagung des 7. Deutschen Volksheimstättentages), Köln 1964, S. 24 ff.

[84] So vor allem *Klaus Stern* und *Günter Püttner*, Grundfragen zur Verwaltungsreform im Stadtumland, Berlin und Frankfurt a. M. 1968, S. 29; *Lerche*, S. 55; *Friedrich Bischoff*, Die Regionalstadt, in: Der Landkreis, Jg. 39 (1969), S. 14; *Werner Weber*, Entspricht die gegenwärtige kommunale Struktur den Anforderungen der Raumordnung? Empfehlen sich gesetzgeberische Maßnahmen der Länder und des Bundes? Welchen Inhalt sollten sie haben? (Gutachten für den 45. Deutschen Juristentag), München und Berlin 1964, S. 45; *Hans-Peter Conrady*, „Angelegenheiten der örtlichen Gemeinschaft" nach Art. 28 Abs. II Satz 1 GG?, in: DVBl., Jg. 85 (1970), S. 411, ferner die Allgemeine Begründung des vom Niedersächsischen Minister des Innern vorgelegten Referentenentwurfs eines „Gesetzes über die kommunale Neugliederung im Raum Hannover" vom November 1972, S. 5. Positiv haben sich gegenüber einer Regionalstadt ausgesprochen: *Hans-Georg Lange*, Das regionale Mißverständnis, in: Der Städtetag, N.F. Jg. 25 (1972), S. 475; *Göb*, S. 842; *Karl-Heinz Rothe*, Das Großstadt-Umland-Problem, in: DVBl., Jg. 84 (1969), S. 789 f.

Da Art. 28 GG über die Größe der Gemeinden schweigt, müßten sich bestimmte, für eine größenmäßige Beschränkung sprechende Wesenszüge der Gemeinde als ein zwingendes Postulat des Selbstverwaltungsprinzips und überdies mit einer solchen Eindeutigkeit ergeben, daß sie nicht nur für die große Zahl der Regelfälle, sondern *ausnahmslos*, d. h. überall und zu jeder Zeit, Verbindlichkeit beanspruchen könnten. Ebensowenig nämlich wie bei den oben angestellten Überlegungen zur Frage des vom Grundgesetz geforderten kommunalen Aufbaus bezweifelt worden ist, daß weite Teile des Bundesgebiets gerade um der Verwirklichung einer funktionierenden Selbstverwaltung willen des herkömmlichen dreistufigen Aufbaus bedürfen, soll hier bezweifelt werden, daß gewisse größenmäßige „Schwellenwerte" denkbar sind, deren Überschreiten unter den besonderen Gegebenheiten des Einzelfalles verfassungsrechtlich bedenklich sein kann[85]. So könnte in der Tat ein gesetzgeberischer Versuch, auf dem flachen Land die herkömmlichen Gemeinden im Wege einer radikalen Reform durch ein System von Riesenstädten zu ersetzen, unter bestimmten Umständen mit dem Grundgesetz unvereinbar sein. Hier interessiert aber allein die Frage, ob das Grundgesetz den Gesetzgeber auch dort an „normale" Maßstäbe bindet, wo sich — wie etwa mit der Vereinigung einer Halbmillionenstadt und des mit ihr in vielfältiger Weise verflochtenen Umlandes — neuartige, den Rahmen des Herkömmlichen sprengende Probleme stellen.

2. Verbundenheit der Einwohner

Gerade im Hinblick auf derartige in den letzten Jahrzehnten entstandene Verdichtungsgebiete[86] zeigt sich, wie sehr die unreflektiert aus der Welt des vorigen Jahrhunderts übernommene Forderung nach der Erhaltung einer Verbundenheit der Einwohner den Bezug zur Realität des gemeindlichen Zusammenlebens verloren hat. Diese Forderung, die sich beispielsweise in § 16 Abs. 1 der Niedersächsischen Gemeindeordnung[87] findet, hat gewiß dort ihre volle Berechtigung behalten, wo der Gesetzgeber den Zuschnitt ländlicher Gemeinden oder kleinerer Städte festlegt. Dort kann mit gutem Grund noch von einer örtlichen, auf nachbarlichen Beziehungen beruhenden Gemeinschaft der Einwohner gesprochen werden. Ein Gleiches läßt sich aber bereits im Blick auf eine konventionelle, d. h. kleinflächige Großstadt seit langem nicht mehr behaupten. Diese Feststellung, die schon vor über vierzig Jahren

---

[85] Soweit als Orientierungshilfen für solche „Schwellenwerte" Zahlen genannt werden, liegen diese für den Kreis bei maximal ca. 500 000 Einwohnern auf einer Fläche von 1500 qkm, vgl. *Stern*, Zur Problematik, S. 27 mit weiteren Nachweisen. Bezeichnenderweise wird für die Größe der Gemeinden keine zahlenmäßige Obergrenze genannt. Das Bundesverfassungsgericht hat die Frage, ob eine bestimmte Kreisgröße dem Kernbereich der Selbstverwaltung zuzurechnen sei, bisher dahinstehen lassen, vgl. *Reinhard Granderath*, Die kommunale Gebietsreform in der Praxis des Bundesverfassungsgerichts, in: DÖV, Jg. 26 (1973), S. 335.
[86] Vgl. hierzu den Raumordnungsbericht 1968 der Bundesregierung, Drucksache V/3958 vom 12. 3. 1969, S. 151.
[87] „Das Gebiet der Gemeinde soll so bemessen sein, daß die örtliche Verbundenheit der Einwohner gewahrt und die Leistungsfähigkeit der Gemeinde zur Erfüllung ihrer Aufgaben gesichert ist".

getroffen wurde[88], kann für die heutige Gemeindewirklichkeit nicht ernstlich in Zweifel gezogen werden.

Abgesehen von einem vagen Lokalpatriotismus und den für manche Wohnsiedlungen noch charakteristischen Interessengemeinschaften der Bürger fehlt es in der Anonymität der Großstadt an einem echten, die Gesamtheit der Einwohner erfassenden Zusammengehörigkeitsgefühl. Persönliche Bande zwischen Bürger und Verwaltung sind die Ausnahme. Der Bürger informiert sich über das politische Geschehen seiner Stadt durch die Presse; an der Kommunalpolitik nimmt er in aller Regel nur durch die Ausübung des Wahlrechts teil — kurz: der heutige Großstädter begreift sich im Verhältnis zu „seiner" Stadt kaum anders als im Verhältnis zu Land und Bund — nämlich als ein Mitglied der modernen Massengesellschaft.

Es wäre verfehlt, derartige Fakten bei der Interpretation des Art. 28 Abs. 2 GG zu ignorieren und so dem Prinzip der kommunalen Selbstverwaltung einen Sinn zu unterstellen, den dieses Prinzip heute nicht mehr hat. Es gibt eben nicht einen a priori feststehenden, von Zeit und Ort unabhängigen Begriff der Selbstverwaltung. Begriff und Sinngehalt der Selbstverwaltung sind vielmehr inhaltlich verschiedener Abwandlungen fähig und können, gerade was das persönliche Verhältnis des Bürgers zu seiner Gemeinde angeht, nicht in einer ein für allemal gültigen Weise näher umschrieben werden. So mag in örtlich enger begrenzten Räumen eine Verbundenheit der Bevölkerung weithin noch charakteristisch für die kommunale Selbstverwaltung sein; jedoch ist es nicht gerechtfertigt, ihr Allgemeinverbindlichkeit beizulegen in dem Sinn, daß damit von Verfassungs wegen der Größe eines kommunalen Zusammenschlusses fixierte Grenzen gesetzt werden.

Aus dem Gebrauch des Ausdrucks „örtliche Gemeinschaft" in Art. 28 Abs. 2 Satz 1 GG darf daher nicht geschlossen werden, es dürfe Gemeinden nur in einem so kleinen Maßstab geben, daß sie ein echtes nachbarliches Miteinanderleben der Bürger gewährleisten könnten. Es erscheint sogar fraglich, ob der Begriff des „Örtlichen" heutzutage, nachdem Wohnort, Arbeitsort und Freizeitraum des einzelnen längst nicht mehr innerhalb der politischen Grenzen einer Gemeinde liegen, noch präzise genug ist, um — wie vom Grundgesetz beabsichtigt[89] — den Bereich der Allzuständigkeit der Gemeinden deutlich genug zu definieren[90]. Jedenfalls läßt sich aus dem Verständnis dieses Begriffes keine hinreichend sichere Aussage über eine angebliche größenmäßige Begrenzung der Gemeinden ableiten.

3. Bürgernähe der Verwaltung

Verglichen mit der Forderung nach einer Verbundenheit des Bürgers mit seiner Stadt ist das Argument, eine Riesenstadt vom Ausmaß etwa des Großraums Hannover lasse eine „bürgernahe" Selbstverwaltung nicht mehr zu, auch in unserer

---

[88] Vgl. *Arnold Köttgen*, Die Krise der kommunalen Selbstverwaltung, Tübingen 1931, S. 23 ff.
[89] BVerfGE 8, 122 (134).
[90] Zu dieser Frage, die im wesentlichen für die Abgrenzung der gemeindlichen Kompetenzen bedeutsam ist, vgl. *Erhard Klotz*, Zuständigkeit der kommunalen Selbstverwaltungskörperschaften in der Regionalplanung, in: DÖV, Jg. 20 (1967), S. 184 ff., und die Erwiderung von *Walter Bielenberg*, ebenda, S. 190 ff; ferner *Conrady*, S. 408 ff.

Zeit nicht überholt. Denn bei aller Bürokratisierung der modernen Großstadtverwaltung weist diese gegenüber der staatlichen Verwaltungstätigkeit doch unverkennbar den Vorzug der größeren Bürgernähe auf[91]. Spontaneität und Beweglichkeit des Verwaltens, schnelles Reagieren auf plötzlich auftretende öffentliche Bedürfnisse und Unabhängigkeit von schwerfällig arbeitenden Fachressorts sind im verhältnismäßig kleinen, „überschaubaren" kommunalen Raum noch weitgehend gewährleistet; für den Bürger sind überdies die kommunalen Behörden in der Regel leichter erreichbar als die staatlichen Organe.

Freilich ist hierfür nicht allein die Größe eines Raumes maßgebend; erst die Gesamtheit der örtlichen Gegebenheiten, nicht zuletzt der Verkehrsverhältnisse, macht einen Raum „überschaubar" und seine Verwaltung „bürgernah". Wo um die Jahrhundertwende ein Bürger, um Kontakt mit einer Behörde aufzunehmen, mitunter einen Tag aufwenden mußte, genügen heute Minuten, wenn man an die technischen Einrichtungen denkt, die es dem Bürger ermöglichen, „Fühlung" mit einer Behörde aufzunehmen.

So ist die Frage, ob eine Regionalstadt in der Lage wäre, ihre Bevölkerung ähnlich bürgernah zu versorgen, wie dies in anderen Großstädten geschieht, nicht leichthin zu verneinen. Beispielsweise könnte eine Bezirksverfassung oder eine weitgehende „Dekonzentration"[92] der städtischen Behörden einen wirksamen Ausgleich schaffen. Da dieser auf eine bürgernahe Verwaltung zielende Effekt allerdings auf rein administrativem Wege erreicht werden würde, sprechen die Kritiker einer Regionalstadt abwertend von einem „Selbstverwaltungsersatz"[93]. Dabei deutet die Möglichkeit, „Bürgernähe" auch durch rein verwaltungstechnische Vorkehrungen zu erreichen, darauf hin, daß es sich dabei weniger um die Erhaltung der Essenz des Selbstverwaltungsprinzips als einer Ausprägung liberaler Demokratie als um ein Kennzeichen der Behördenorganisation und des Verwaltungsstils handelt. Im übrigen ist „Bürgernähe" nur *einer* der Faktoren, die insgesamt die Qualität einer Verwaltung ausmachen; sie zeichnet zwar herkömmlich die Arbeitsweise der kommunalen Behörden aus, ist aber im Grunde nur ein Akzidens dessen, was im kleineren kommunalen Raum üblich ist.

Der Umstand, daß die Gemeinden bis in die Gegenwart hinein durch ihren Zuschnitt immer ein gewisses Maß an Bürgernähe ermöglicht haben, rechtfertigt nicht schon den Schluß, daß dies unter der Herrschaft des Grundgesetzes für alle Zeiten der Fall sein müßte. Immer wird die Verwaltungspraxis vor der Aufgabe stehen, zwischen den Geboten der Wirtschaftlichkeit und Leistungsfähigkeit einerseits und der Bürgernähe andererseits den rechten, dem Wohl der zu versorgenden Bevölkerung angemessenen Kompromiß zu finden. Die Forderung nach Bürgernähe sollte zwar immer die Verwaltungspraxis und die Verwaltungspolitik inspirieren. Sie setzt dem Gesetzgeber jedoch bei seinem Bemühen um eine zukunftsorientierte Neuordnung der Gemeinden keine unüberwindbaren, verfassungsrechtlich relevanten Grenzen. Es hieße das Wesen der kommunalen Selbstverwaltung in ihrer durch die

---

[91] *Wolff*, Bd. 2, § 85 I d; *Gönnenwein*, S. 38—41; *Loschelder*, S. 808.
[92] Vgl. zu diesem Begriff *Peters*, Zentralisation und Dezentralisation, S. 17 f.
[93] *Stern-Püttner*, S. 29.

Anpassung an die Anforderungen der Zeit bedingten Dynamik ungenügend erfassen, wollte man die Bürgernähe als einen ihrer herkömmlichen Charakterzüge verabsolutieren und zu einem für die Größe der Gemeinden schlechthin maßgebenden Kriterium erheben. Selbst wenn es zutreffen sollte, daß die Schaffung einer Regionalstadt in concreto zu einer empfindlichen Einbuße an Bürgernähe führt, so würde das nicht besagen, daß die kommunale Selbstverwaltung dort in ihrem Wesenskern angetastet wäre.

Letztlich entzieht sich die Gemeinde schon in ihrer unwiederholbaren Individualität[94] — die ihrerseits das Resultat ihrer besonderen Situation und nicht zuletzt der dort in Laufe der Zeit praktizierten Selbstverwaltung ist — der Ausrichtung an einem angeblich verfassungsrechtlich verbürgten Idealtypus der „Gemeinde schlechthin" oder überhaupt an allgemeinverbindlichen qualitativen oder quantitativen Maßstäben. Dieser Gesichtspunkt gilt vor allem für die Großstadt, die „ein ungeheuer komplexes Gebilde" ist, das „jeweils die einzigartige Lösung einer einzigartigen Aufgabe darstellt"[95]. Hat eine Großstadt eines Tages Probleme zu bewältigen, die infolge der örtlichen Gegebenheiten, insbesondere der Intensität und Vielfalt ihrer Verflechtungen mit dem Umland, den Rahmen des Herkömmlichen sprengen, so ist es nur folgerichtig, wenn sie diese durch die ihr gemäße und damit unter Umständen völlig unkonventionelle äußere Gestalt zu lösen sucht.

So war die Schaffung von Groß-Berlin durch die Eingemeindung von sieben Städten, 59 Landgemeinden und 27 Gutsbezirken im Jahre 1920 ein beispielloser, mit der Situation anderer Großstädte nicht zu vergleichender Vorgang, der sich jeder Typisierung entzog[96]. Aber auch Groß-Berlin, das mit seinen 4,3 Millionen Einwohnern auf einer Fläche von 882 qkm — wovon ein Viertel landwirtschaftlich genutzt war — als eine einheitliche Gemeinde begriffen wurde, war ein Teil der damaligen kommunalen Wirklichkeit.

Solche zunächst nur in manchen Metropolen, allen voran London[97], zu beobachtenden Besonderheiten präsentieren sich heute, bedingt durch die Umwälzungen der letzten Jahrzehnte, auch anderswo, vor allem in den industriellen Ballungszentren, die auf vielfältige Weise eine Art Symbiose von Stadt und Umland anstreben, nachdem herkömmliche Formen der Verwaltungsorganisation und der interkommunalen

---

[94] Dazu *Gönnenwein*, S. 41; *Pagenkopf*, S. 5; *Oberndorfer*, S. 17 und 75 f.
[95] *René König*, Großstadt, in: Handbuch der empirischen Sozialforschung, hrsg. von René König, Bd. 2, Stuttgart 1969, S. 622, 655, 664 ff.
[96] Vgl. im einzelnen *Harry Goetz*, Berlin, in: Handbuch der kommunalen Wissenschaft und Praxis, hrsg. von Hans Peters, Bd. 1: Kommunalverfassung, Berlin u. a. 1956, S. 484 ff., und *Günter Püttner*, Zur Reform der Berliner Verwaltung, in: DÖV, Jg. 22 (1969), S. 829 ff.
[97] Gerade das Londoner Beispiel ist aufschlußreich, weil es den Versuch zeigt, die Tradition der kommunalen Selbstverwaltung Englands auch auf der enorm angewachsenen Fläche Groß-Londons zu erhalten und vor staatlichem Zugriff zu schützen; im einzelnen vgl. *Peter Hennock*, Die Entwicklung der Londoner Kommunalverwaltung, in: AfK, Jg. 2 (1963), S. 55 ff., und *Kurt Gappa*, London und seine Kommunalverfassung, in: Jahrbuch des öffentlichen Rechts, Bd. 16 (1967), S. 331 ff., 342 ff.

Zusammenarbeit dort zu versagen scheinen. Letzten Endes handelt es sich hier — gleichgültig, ob die Bildung von Riesenstädten immer die einzige oder auch nur die beste Lösung darstellt — um moderne Konsequenzen aus der historisch gewordenen, von dem Geschick und dem Unternehmungsgeist der Einwohnerschaft mitgestalteten Individualität der Gemeinden. So gesehen, setzte man sich zu dem Prinzip der gemeindlichen Eigenverantwortlichkeit in einen Widerspruch, wenn man dort, wo sich in der politischen Auseinandersetzung des betreffenden Raums die Befürworter eines neuartigen, bislang nicht gekannten Stils kommunalen Zusammenlebens durchzusetzen vermögen, diesen Trend mit Hilfe einer zu engherzigen Verfassungsinterpretation aufzuhalten suchte.

4. Zentralistische Tendenzen einer regionalen Lösung

Diese Betrachtungsweise, die das heutige Verstädterungsproblem bewußt aus der Sicht der zentralen Großstadt zu erfassen sucht, nimmt in Kauf, daß der anscheinend unaufhaltbare Trend zur Maßstabsvergrößerung unverkennbar zentralistische Züge trägt und daß sich mit ihm auch im kommunalen Bereich jener allgemeine Nivellierungsprozeß zu vollziehen scheint, der sich gegenwärtig auf allen Ebenen inner- und überstaatlichen Handelns registrieren läßt. Gerade der im Umland der Großstadt vielfach zu beobachtende Widerstand gegen regionale Lösungen macht deutlich, daß mit der Zusammenfassung zuvor selbständiger Gemeinden und Kreise zu einer Regionalstadt oder einem Regionalkreis dort zwangsläufig die Zahl derjenigen Bevölkerungsteile wächst, die bei politischen Entscheidungen der Einheitsgemeinde in die Minderheit geraten können. So leiten Gegner einer regionalen Lösung verfassungsrechtliche Bedenken aus der Tatsache her, daß die Einwohnerschaft der zentralen Großstadt in einer größeren Einheit durch ihr zahlenmäßiges Gewicht die Umlandbevölkerung majorisieren könnte[98].

Eine solche Majorisierungsgefahr — die keine absolute Mehrheit der Stimmen der Zentralstadt voraussetzt, weil das Umland politisch nicht als ein festgefügter Block auftritt[99] — ist jedoch nicht charakteristisch für die Region. Letztlich birgt jede zusammengesetzte Einheit, insbesondere auch der herkömmliche Kreis, die Gefahr der Majorisierung einzelner bevölkerungsärmerer Gebietsteile, sofern sie nicht föderativ verfaßt ist, sondern die politischen Entscheidungen nach egalitär-demokratischen Grundsätzen treffen läßt. Ursache dieser Majorisierungsgefahr ist letztlich die zum Wesen moderner Demokratie gehörende Gleichheit des Wahlrechts, die ihrer Natur nach notwendig Majorisierungs- oder wenn man will: Minderheiten-

---

[98] *Stern*, Zur Problematik, S. 37, unter Bezugnahme auf ein Urteil des Verfassungsgerichtshofs Rheinland-Pfalz vom 5. 5. 1969 (VGH 12/68, 6/69); *Klaus Meyer-Schwickerath*, Der Mehrzweckverband als Institution der kommunalen Zusammenarbeit im Verdichtungsraum, in: DVBl., Jg. 84 (1969), S. 780.
[99] *Püttner*, Die politische Funktion, S. 149, sieht (in bezug auf die Verhältnisse im Kreis) ein Übergewicht einer Gemeinde, wenn sie etwa ein Drittel der Sitze einnimmt; verfassungsrechtliche Bedenken knüpft er hieran aber offensichtlich nicht.

probleme mit sich bringt[100], die allerdings durch das dem Majoritätsprinzip immanente Rotationsprinzip gemildert werden[101].

Unter diesem Aspekt gesehen, wäre es z. B., was die Besonderheiten einer Regionalstadt anlangt, praxisfern, von vornherein die Umlandbevölkerung als präsumtive Minderheit anzusehen. Abgesehen davon, daß die Stadtbevölkerung kein politisch homogener Faktor ist und daß die Grenze zwischen Stadt und Umland nicht zu fixieren ist, soll durch die unmittelbare Wahl der Abgeordneten gewährleistet werden, daß diese nicht in erster Linie als weisungsgebundene Delegierte ihrer Heimatgemeinde auftreten[102]. Es ist sogar nach den im Großraum Hannover in dieser Hinsicht gemachten Erfahrungen möglich, daß sich früher oder später eine Art regionalen Bewußtseins bildet, das die Repräsentanten über partikulare Interessen hinweg dem Ganzen verpflichtet. Vor allem wird die politische Aktivität der großen Parteien, die naturgemäß im größeren Raum noch stärker dominieren werden, als dies schon heute im kommunalen Raum der Fall ist, zu besonderen Konstellationen führen, welche die vermeintliche Polarität zwischen Großstadt und Umland überwinden könnten[103].

Trotz allem mögen die zentralistischen Züge einer Regionalstadt und die nach außen hin dann noch stärker in Erscheinung tretende dominierende Rolle der Kernstadt dem Umland in einem vordergründigen Sinn als eine Minderung seines Rechts auf Selbstverwaltung erscheinen. Bei Licht besehen wäre dies dann der Preis für die — hier als gesichert unterstellten — Vorzüge, die ein einheitlicher Planungs-, Verwaltungs- und Investitionsraum auch den Bewohnern des Umlandes bietet. Hinzu kommt, daß Eingemeindungen herkömmlichen Umfangs, deren Verfassungsmäßigkeit gemeinhin nicht bezweifelt wird, das Umland substantiell unter Umständen stärker beeinträchtigen können, als Regionalstadt-Lösungen — etwa dann, wenn besonders attraktive Gemeinden dem Umland entzogen und der Großstadt einverleibt werden. Vor allem erscheint es angesichts der gegenseitigen Abhängigkeit von Kernstadt und Umland angemessen, wenn die Umlandbevölkerung über das Aussehen der Kernstadt, in der sie zum Teil ihren Arbeitsplatz hat, ebenso mitentscheidet, wie die Stadtbevölkerung ihren Einfluß auf das für sie ebenfalls existenznotwendige Umland ausübt.

---

[100] Aus Gründen der Wahlrechtsgleichheit ist es sicher nicht unbedenklich, wenn z. B. das baden-württembergische Kreiswahlrecht (§ 18 Abs. 4 LKO) dieser Gefahr dadurch zu begegnen sucht, daß es den größeren Städten im Landkreis — ungeachtet ihres wirklichen Stimmenanteils — nur ein Kontingent von maximal zwei Fünfteln der Kreistagssitze zugesteht; vgl. auch *Gönnenwein*, S. 396, Anm. 25; a. A.: BVerwG, DVBl., Jg. 73 (1958), S. 616 ff., und *Stern*, Die verfassungsrechtliche Garantie, S. 159 f.

[101] Näher z. B. *Gerhard Leibholz*, Strukturprobleme der modernen Demokratie, 3. Aufl. Karlsruhe 1967, S. 150.

[102] Eine unmittelbar gewählte Vertretung hat zudem gegenüber einer Verbandsversammlung, die aus einer notwendig beschränkten Zahl von Gemeindedelegierten besteht — wie es etwa im bisherigen Verband Großraum Hannover der Fall war — den Vorzug, daß sie eine Mediatisierung der wegen ihrer geringeren Bedeutung nicht vertretenen Gemeinden verhindert.

[103] So auch *Püttner*, Die politische Funktion, S. 148 f.

Wieweit dabei im einzelnen partikulare Besonderheiten zugunsten einer allgemeinen Nivellierung preisgegeben werden, wird sich im politischen Tageskampf entscheiden müssen. Das Bemühen um einen Schutz örtlicher, traditioneller oder politischer Minderheiten wird immer wieder mit dem Mehrheitsprinzip kollidieren. Hier einen Ausweg zu finden und bei aller gebotenen Maßstabsvergrößerung dem legitimen Streben auf Selbständigkeit bedachter Kommunen durch eine angemessene und ausbalancierte Aufteilung des Staatsgebiets Rechnung zu tragen, ist wesentlich Aufgabe der Landespolitik. Festzuhalten aber ist, daß das Schwergewicht der durch das Grundgesetz garantierten kommunalen Selbstverwaltung unter den heutigen Voraussetzungen nicht so sehr auf dem Gebiet des Minderheitenschutzes und der Erhaltung eigenständiger, auf heimatlicher Verbundenheit der Bevölkerung beruhender Einheiten liegt, sondern in der Begrenzung der Staatsmacht und den dieser innewohnenden totalitär-demokratischen Tendenzen.

Im Hinblick auf diese — vom Staatsganzen her gesehen wichtigste — Funktion der kommunalen Selbstverwaltung werden sich aber Regionalstadt und Regionalkreis infolge ihrer beträchtlichen Kompetenzen und der ihnen konzentrierten politischen Macht voraussichtlich besser bewähren als die herkömmlichen, kleiner dimensionierten Kommunen[104]. So kann die Schaffung von Regionen in großstädtischen Verflechtungsgebieten namentlich dazu führen, daß die dort lebenswichtige Materie der Regionalplanung, die nicht notwendig eine staatliche Angelegenheit ist[105], zu einer echten staatlich-kommunalen Gemeinschaftsaufgabe wird[106]. Möglicherweise erschließt sich hier den Kommunen ein neues Betätigungsfeld, das der Institution der kommunalen Selbstverwaltung bei entsprechendem Zuschnitt der Selbstverwaltungskörper gegenüber einer Staatsmacht, die dazu neigt, öffentliche Aufgaben an sich zu ziehen und neuerdings über die attraktive Regionalplanung das kommunale Geschehen nachhaltig zu beeinflussen[107], wieder größere Aktualität vermitteln könnte[108]. So gesehen muß der unverkennbar zentralistische Zug regionaler Lösungen die Bedeutung der kommunalen Selbstverwaltung nicht notwendig schmälern. Eher sollte von einer Art Akzentverlagerung gesprochen werden: treten nämlich auf regionaler Ebene kommunale Partner, die im Hinblick auf ihre Kompetenzen und ihr politisches Gewicht den bisherigen Planungsverbänden überlegen sind,

---

[104] *Gerhard Isbary* befürchtet sogar in seinem Gutachten (Die Entwicklung der Stadt von heute zur Siedlungsform von morgen, in: Polis und Regio, hrsg. von Edgar Salin u. a., Basel und Tübingen 1967, S. 252 ff., 257), daß die Schaffung von Regionalstädten „den Ländern nicht viel mehr als eine Ausgleichsfunktion für die in ihrer Wirtschaftskraft unterschiedlichen Regionen belassen" könnte. Der genannte Einwand setzt aber voraus, daß das Staatsgebiet ausschließlich oder überwiegend aus Regionen besteht.
[105] Vgl. *Hermann Brügelmann* u. a., Raumordnungsgesetz vom 8. April 1965, Kommentar, Stuttgart u. a. 1965 ff. (Loseblattausgabe), § 5 Bem. II; ferner *Klaus Lange*, S. 61—65 und 147—151 mit weiteren Nachweisen.
[106] Vgl. auch *Frido Wagener*, Von der Raumplanung zur Entwicklungsplanung, in: DVBl., Jg. 85 (1970), S. 98.
[107] Obwohl die Regionalplanung an sich nur den Rahmen für die örtliche Planung bestimmen soll, kann sie bereits Entscheidungen auf den Gebieten der Daseinsvorsorge und der Infrastruktur treffen, die unmittelbar auf die örtliche Stufe einwirken; näher dazu *Klaus Lange*, S. 148.
[108] Ebenso *Loschelder*, S. 810.

an die Seite der Länder, so verstärkt dies in dem gleichen Maße, in dem die herkömmliche, auf das Bewahren individueller Eigenständigkeiten zielende Funktion der kommunalen Selbstverwaltung zurücktritt, die Möglichkeit wirksamer kommunaler Partizipation an der zentralen staatlichen Gewalt[109].

5. Ergebnis

Der Gesetzgeber ist bei der Festlegung der Größe der Kommunen mangels einer ausdrücklich entgegenstehenden Regelung in Art. 28 GG grundsätzlich solange frei, als er lebensfähige Einheiten schafft, die in der Lage sind, eine echte Abstufung hoheitlicher Gewalt zu bewirken. Das ist dort in Frage gestellt, wo diese zu klein bemessen sind, als daß sie überhaupt mit Erfolg öffentliche Aufgaben von einigem Gewicht selbstverwaltend erledigen könnten. So könnten aus dem Verständnis des Selbstverwaltungsprinzips Bedenken hinsichtlich dieser Kleinstgemeinden hergeleitet werden, deren Existenz überhaupt nur durch die Arbeit der Landkreise gewährleistet ist.

Dagegen ergibt sich die obere Grenze des verfassungsrechtlich Zulässigen erst aus der staatlichen Perspektive: Gemeinden müssen notwendig kleiner sein als der Staat[110]. Eine kommunale Körperschaft, deren Gebiet mit dem des Staates identisch ist oder die — selbst wenn sie kleiner ist — in der Lage wäre, ein politisches Übergewicht zu entwickeln, würde statt zu einer machtbegrenzenden Gewaltenabstufung unter Umständen zu einer nicht zu legitimierenden Verlagerung der politischen Macht auf eine unterstaatliche Gebietskörperschaft führen. Selbst wenn deren Kompetenzen sich von den staatlichen im einzelnen abgrenzen ließen, läge der Effekt einer solchen Aufspaltung hoheitlicher Gewalt im wesentlichen in der Schaffung einer dem Gemeinwohl abträglichen Rivalität zweier konkurrierender Gebietskörperschaften. Die Frage, bei welchen Größenordnungen diese Gefahr akut wird, läßt sich allgemeingültig nicht beantworten. Mit Sicherheit aber kann gesagt werden, daß beispielsweise eine „Regionalstadt Hannover", die etwa den siebenten Teil der niedersächsischen Bevölkerung und 5 % des Landesgebiets umfassen würde, unterhalb der „Gefahrengrenze" liegt.

Bestehen von der Größe her keine Bedenken gegen die Bildung einer derartigen Gemeinde von regionalen Ausmaßen, so folgt daraus erst recht die Zulässigkeit einer *Regionalkreis*-Lösung, die einen mehrstufigen Aufbau (Regionalkreis — Gemeinden) beibehält. Ein Gleiches gilt für solche Modelle, die unterhalb einer ebenfalls als Gebietskörperschaft konzipierten Region noch *zwei* weitere kommunale

---

[109] Entsprechendes läßt sich im Großen an der Entwicklung der modernen Bundesstaatlichkeit beobachten; vgl. *Rudolf Smend,* Verfassung und Verfassungsrecht, in: derselbe, Staatsrechtliche Abhandlungen, Berlin 1955, S. 270, und neuerdings *Konrad Hesse,* Aspekte des kooperativen Föderalismus in der Bundesrepublik, in: Festschrift für Gebhard Müller, hrsg. von Theo Ritterspach und Willi Geiger, Tübingen 1970, S. 141 ff.

[110] Die Tatsache, daß eine „Regionalstadt Hannover" nach Fläche und Bevölkerungszahl dem Saargebiet (1,1 Millionen Einwohner auf 2567 qkm; vgl. *Statistisches Jahrbuch 1973,* Abschnitt I, Nr. 4, S. 40) gleichkommen würde, besagt in diesem Zusammenhang nichts. Eher könnte umgekehrt gefragt werden, ob das Saarland überhaupt die für einen Staat erforderliche Größe besitzt.

Ebenen, nämlich die Landkreise herkömmlicher Art und die Gemeinden bereithält. Ihnen allen steht prinzipiell weder im Hinblick auf die Größe solcher Regionen noch im Hinblick auf deren Verwaltungsstruktur das Grundgesetz entgegen.

Diese Auslegung des Art. 28 GG basiert auf einer Interpretationsmethode, die es ablehnt, von rechtlich relevanten Verfassungszuständen ein unzulängliches Bild nur deshalb zu entwerfen, weil man glaubt, die Verfassungsnorm aus sich heraus auslegen zu müssen, ohne Bedacht auf die Verfassungswirklichkeit zu nehmen, auf die die Norm kontinuierlich bezogen werden muß. Die Verfassungsnorm ist gewiß nicht einfach ein Spiegelbild einer wie immer gearteten Realität, aber doch immerhin eine Norm, die Anspruch auf aktuelle Geltung erhebt und daher nicht eine wirklichkeitsfremde Existenz führt. Anders ausgedrückt, die Verfassungsnorm muß nach den hier zugrundegelegten Interpretationsmethoden soweit wie möglich als sinnerfüllte Wirklichkeit begriffen werden unter Berücksichtigung all der gesellschaftlichen Wertvorstellungen, die dieser Wirklichkeit immanent sind.

In den westlichen Ländern hat im Laufe der letzten Jahrzehnte, wenn man die Diktaturen ausklammert, die Verfassungstheorie in verschiedenen Formen die politische Wirklichkeit, d. h. die soziale Komponente der Verfassung, in den Kreis der verfassungsrechtlichen Behandlung einbezogen. Aufgabe des Verfassungsjuristen bleibt es heute, die Normen und die von ihnen verwendeten Begriffe, sofern sie überhaupt inhaltlich einer unterschiedlichen Auslegung zugänglich sind, maßgeblich von der Wirklichkeit her zu begreifen und ihren potentiell veränderten Gehalt bei der Inhaltsbestimmung der Norm zu berücksichtigen. Ein Wandel der Verfassungswirklichkeit kann so die Auslegung verfassungsrechtlicher Bestimmungen beeinflussen und zu dem führen, was man gemeinhin unter einem Bedeutungs- und Verfassungswandel versteht[111].

---

[111] Zu diesem Fragenkomplex im Sinne des Textes näher: *Gerhard Leibholz*, Verfassungsrecht und Verfassungswirklichkeit, in: Hessische Hochschulwochen für staatswissenschaftliche Fortbildung, Bd. 8 (1955), S. 34—46; dazu auch *derselbe*, Strukturprobleme der modernen Demokratie, S. 277-281, 314 f., und *derselbe*, Constitutional Law and Constitutional Reality, in: Festschrift für Karl Loewenstein, hrsg. von Henry Steele Commager u. a., Tübingen 1971, S. 305—309.

B. Die Lage nach Landesverfassungsrecht - dargestellt am Beispiel der Niedersächsischen Verfassung

Besonderheiten für die Zulässigkeit neuartiger kommunaler Einheiten können sich aus dem Verfassungsrecht der Bundesländer ergeben. Art. 28 Abs. 2 GG enthält nur eine bundesrechtliche Mindestgarantie kommunaler Selbstverwaltung, so daß es den für die Gestaltung des Gemeinderechts zuständigen Ländern grundsätzlich freisteht, in ihren Verfassungen über diese Garantie hinauszugehen[1]. Beispielsweise widmet die Vorläufige Niedersächsische Verfassung vom 13. April 1951[2] dem Recht der kommunalen Selbstverwaltung schon rein äußerlich einen breiteren Raum als das Grundgesetz und geht in manchen Einzelheiten über dieses hinaus.

Art. 44 Abs. 1 Vorl. Verf. lautet:

> Gebietskörperschaften (Gemeinden und Kreise) und die sonstigen öffentlich-rechtlichen Körperschaften verwalten ihre Angelegenheiten im Rahmen der Gesetze unter eigener Verantwortung.

Abs. 2 schreibt nach dem Vorbild des Art. 28 Abs. 1 Satz 2 GG für die Gebietskörperschaften demokratisch legitimierte Volksvertretungen vor; Abs. 3 formuliert die Allzuständigkeit der Gemeinden und erklärt sie sogar, weitergehend als es im Grundgesetz geschieht, zu den „ausschließlichen Trägern der gesamten öffentlichen Aufgaben", soweit nicht die Gesetze ausdrücklich etwas anderes bestimmen. Daneben konkretisiert die Niedersächsische Verfassung die Position der Gemeinden gegenüber dem Grundgesetz in einigen Punkten, indem sie für die Übertragung staatlicher Auftragsangelegenheiten ein Gesetz voraussetzt, das sich gleichzeitig mit einem Ausgleich für die finanzielle Belastung befaßt (Art. 44 Abs. 4). Sie beschränkt darüber hinaus die Staatsaufsicht in Selbstverwaltungsangelegenheiten auf die Rechtmäßigkeitskontrolle (Art. 44 Abs. 5) und fordert die Wiederherstellung der finanziellen Autonomie der Selbstverwaltungsträger (Art. 45).

Statt — wie das Grundgesetz — von Gemeinden und Gemeindeverbänden zu sprechen, verwendet Art. 44 Vorl. Verf. den Terminus „Gebietskörperschaft" und definiert diesen durch den Klammerzusatz „Gemeinden und Kreise". Damit ist zunächst gegenüber dem allgemeiner gefaßten Art. 28 Abs. 2 GG klargestellt, daß neben den Gemeinden auch der Kreis als solcher, d. h. nicht erst „qua Gemeindeverband", das Recht der Selbstverwaltung für sich in Anspruch nehmen kann.

Darüber hinaus wirft der Klammerzusatz jedoch eine Reihe weiterer Fragen auf. Er könnte durch die ausdrückliche Erwähnung der Kreise einmal zum Ausdruck bringen wollen, daß — anders als in Art. 28 Abs. 2 GG in der hier vertretenen Auslegung — die Existenz der Kreise in dem Sinne garantiert sein solle, daß mit Ausnahme der kreisfreien Städte jede niedersächsische Gemeinde einem Kreis zugeordnet sein müsse. Außerdem könnte der Klammerzusatz, unabhängig von der eben genannten Garantiewirkung und über sie hinausgehend, die verfassungsrechtliche

---

[1] *Gönnenwein*, S. 43; *Salzwedel*, S. 811.
[2] Nds. GVBl. S. 103.

Stellung der Gemeinden und Kreise zu einer Art Monopol verdichten, indem er festlegt, daß es in Niedersachsen außer ihnen keine weiteren Gebietskörperschaften geben dürfe.

Der Wortlaut des Art. 44 Abs. 1 Vorl. Verf. zwingt keineswegs zu einer derart weiten Auslegung[3]. Wenn Art. 44 Abs. 1 Vorl. Verf. im Gegensatz zu Art. 28 Abs. 2 GG die Kreise ausdrücklich erwähnt, so werden diese damit gleichwohl nicht „garantiert". Hier gilt das oben zur Interpretation des Grundgesetzes Gesagte: auch Art. 44 Vorl. Verf. bezieht sich verbal nur auf den Gegenstand der Selbstverwaltung und nicht auf die Existenz der Selbstverwaltungskörper. Diese Vorschrift macht das sogar noch deutlicher als das Grundgesetz, denn hier ist im gleichen Zusammenhang neben den Gemeinden und Kreisen auch noch von „sonstigen öffentlich-rechtlichen Körperschaften" die Rede, denen das Recht der Selbstverwaltung verbürgt wird.

Diese Gewährleistung aber kann infolge der nahezu unbeschränkten Vielzahl solcher Körperschaften weder individuell noch institutionell als eine echte Bestandsgarantie gedeutet werden; sie fordert nicht die Existenz solcher Rechtssubjekte, sondern beschränkt sich darauf, ihnen das Recht der Selbstverwaltung zu geben, *sofern* sie durch einen kreativen staatlichen Akt ins Leben gerufen worden sind. Schon der systematische Zusammenhang also, in dem der Art. 44 Abs. 1 Vorl. Verf. die Gebietskörperschaften und die sonstigen öffentlich-rechtlichen Körperschaften behandelt, legt es nahe, auch im Hinblick auf die Gebietskörperschaften eine existentielle Garantie zu verneinen. Insoweit stimmt die Niedersächsische Verfassung mit dem Grundgesetz überein; allenfalls ergibt sich hier wie dort im Hinblick auf die hervorgehobene Stellung der Gemeinden (Art. 44 Abs. 3 Vorl. Verf.) für diese eine besondere Garantie. Vor allem nötigt der Wortlaut des Art. 44 Abs. 1 Vorl. Verf. nicht zu der Annahme einer Monopolwirkung zugunsten der Gemeinden und Kreise. Der Klammerzusatz kann auch als eine lediglich exemplarisch gemeinte Erläuterung des Rechtsbegriffs „Gebietskörperschaft" verstanden werden. Hätte eine Aussage von so erheblicher Tragweite — wie sie einem Verbot aller Gebietskörperschaften, die nicht Gemeinden oder Kreise sind, zukommt — in die Verfassung aufgenommen werden sollen, so hätte dies durch einen besonderen, in der Negation präzis gefaßten Satz zum Ausdruck gebracht werden müssen.

Da der Wortlaut des Art. 44 Abs. 1 Vorl. Verf. nicht eindeutig ist, wird die angebliche Beschränkung der zulässigen Gebietskörperschaften auf Gemeinden und Kreise meist aus der Entstehungsgeschichte der Vorläufigen Niedersächsischen Verfassung hergeleitet[4]. In der Tat hat in den im Niedersächsischen Landtag und insbesondere in seinem Verfassungsausschuß stattgefundenen Beratungen über die Vorläufige Verfassung die Frage, ob neben den Gemeinden und Kreisen möglicherweise

---

[3] So auch *Ahrens*, S. 41.
[4] So besonders *Heinrich Korte*, Verfassung und Verwaltung des Landes Niedersachsen, Göttingen 1962, S. 63—65 und 250; weniger bestimmt: *Wiese*, S. 51. Demgegenüber lehnt *Helmut Spörlein*, Die Samtgemeinden in Niedersachsen, Göttingen 1965, S. 175—182, mit Blick auf die niedersächsischen Samtgemeinden eine Beschränkung der zulässigen Gebietskörperschaften ab, indem auch er sich auf die Gesetzesmaterialien zu stützen sucht.

noch andere Gebietskörperschaften existieren können, einen breiten Raum eingenommen. Der Regierungsentwurf zu dem heutigen Art. 44 Abs. 1 Vorl. Verf. hatte die Absicht verfolgt, eine Gebietskörperschaft zwischen Kreis und Zentrale auszuschließen[5]. Nach ausführlichen Debatten hat er sich durchgesetzt. Die Gegner des Entwurfs hatten vorgeschlagen, den Zusatz „Gemeinden und Kreise" in Art. 44 Abs. 1 Vorl. Verf. zu streichen, um dem einfachen Gesetzgeber nicht den Weg zu einer angemessenen Neuordnung zu verbauen, falls sich im Zuge der weiteren kommunalen Entwicklung eines Tages höhere, über dem Kreis stehende Einheiten als notwendig erweisen sollten. Die Mehrheit des Landtages wollte jedoch den Klammerzusatz im Sinne einer erschöpfenden Aufzählung der zulässigen Gebietskörperschaften verstanden wissen.

Gewiß kann die subjektive Vorstellung der am Gesetzgebungsverfahren beteiligten Parlamentarier bei der Interpretation der Niedersächsischen Verfassung ergänzend mit herangezogen werden; sie allein kann jedoch maßgeblich den Inhalt eines Gesetzes nicht bestimmen[6]. Man kann sogar darüber streiten, ob die Materialien überhaupt in dem genannten weitgehenden Sinn verstanden werden können. Als nämlich die Frage erörtert wurde, ob andere Gebietskörperschaften als die ausdrücklich erwähnten Gemeinden und Kreise zulässig sein sollten, dachte man einmal an Gebietskörperschaften nach dem Vorbild der früheren preußischen Provinzen — die mit Recht als ungeeignet für eine Einteilung des Landes Niedersachsen angesehen wurden — sowie vor allem an sogenannte Landschaften, d. h. an überkreisliche, auf traditionell-landsmannschaftlicher Verbundenheit beruhende Zusammenschlüsse, wie etwa die Landschaften Ostfriesland, Calenberg-Göttingen-Grubenhagen, Hoya, Diepholz und so fort. Von einer Zusammenfassung eines wirtschaftlichen und soziologischen Verflechtungsraums zu einer Art Planungs- und Verwaltungsregion war begreiflicherweise damals nicht die Rede. So haben der Regierungsvertreter und andere Sprecher der Mehrheit immer wieder hervorgehoben, es sei nach menschlichem Ermessen nicht vorstellbar, daß zwischen Kreis und Land Aufgaben anfallen sollten, die eine besondere Gebietskörperschaft erforderten und nicht auch von einem Zweckverband oder einer sonstigen Form interkommunalen Zusammenwirkens bewältigt werden könnten.

Hinzu kommt, daß die Diskussion sich vor allem auf die Frage konzentrierte, ob man zulassen sollte, daß das Staatsgebiet außer in Kreise und Gemeinden zusätzlich noch in weitere Einheiten aufgeteilt werden könne. Man dachte dabei vor allem

---

[5] Vgl. vor allem die Niederschrift der 13. Sitzung des Verfassungsausschusses, in: *Vorläufige Niedersächsische Verfassung vom 13. April 1951 (Nds. GVBl. S. 103)*, Bd. 1: Beratungen im Verfassungsausschuß und Plenum des Niedersächsischen Landtages der Ersten Wahlperiode, Hannover 1951, S. 270 ff.; ferner die Niederschriften der 22. und 24. Sitzung, ebenda, S. 641 f. und 683—686. Das Plenum des Landtages hat sich vorwiegend in zweiter Lesung auf seiner 120. Sitzung am 8. 5. 1951 mit den hier behandelten Fragen befaßt; vgl. Niedersächsischer Landtag Hannover, I. Wahlperiode, Stenographische Berichte, Bd. V, Sp. 6682—6686; vgl. ferner die Niederschriften der 104. und 123. Sitzung, ebenda, Sp. 5749—5822 und 6807 f. Zusammenfassungen finden sich bei *Korte*, S. 63 f.; *Spörlein*, S. 179—181, und *Werner Weber*, Rechtsgutachten, S. 26—29.

[6] Ständige Rechtsprechung des Bundesverfassungsgerichts seit BVerfGE 1, 299 (312).

an eine generelle Gliederung des Landes; die Möglichkeit, daß eines Tages *punktuell*, auf einen bestimmten Einzelfall bezogen, eine regionale Zusammenfassung geboten sein könnte, wurde in dieser Schärfe allgemein nicht erkannt. Man kann daher die Behauptung wagen, daß die Schöpfer der Niedersächsischen Verfassung die besondere Problematik der heutigen Situation nicht vorhergesehen haben.

Schließlich geht aus den Beratungen des Verfassungsausschusses hervor, daß für die Abgeordneten neben Gründen der verwaltungstechnischen Zweckmäßigkeit auch die Absicht mitbestimmend war, die Entstehung eines staatlichen Zusammenhalts in der neugeschaffenen, aus den früheren Ländern Hannover, Braunschweig, Oldenburg und Schaumburg-Lippe hervorgegangenen Union Niedersachsen nicht durch die Erhaltung traditionell verbundener Landschaften zu erschweren — eine Befürchtung, die heute, da über die Bildung größerer Bundesländer diskutiert wird, weitgehend überholt sein dürfte, zumal für die Schaffung einer (wie auch immer gearteten) „Region" in erster Linie Argumente der Verwaltungspraxis und nicht das Streben bestimmter Bevölkerungsteile nach größerer politischer Unabhängigkeit maßgebend sind, so daß von ihr eine Gefahr für die staatliche Einheit nicht zu besorgen ist[7].

Trägt mithin die Entstehungsgeschichte der Niedersächsischen Verfassung nicht wesentlich zum Verständnis der Bedeutung des in Art. 44 Abs. 1 enthaltenen Klammerzusatzes bei, so ergeben sich doch einige positive Anhaltspunkte für seine Auslegung, wenn man diese Vorschrift nicht isoliert, sondern im Zusammenhang mit dem Grundgesetz betrachtet. Zwar ist nicht zu fordern, daß der Inhalt einer landesverfassungsrechtlichen Garantie kommunaler Selbstverwaltung dem der bundesverfassungsrechtlichen (Mindest-)Garantie entspricht; offen bleibt aber, ob Art. 44 Abs. 1 Vorl. Verf. tatsächlich die Garantie des Art. 28 Abs. 2 GG wiederaufnimmt bzw. erweitert oder ob er diese in Wahrheit für seinen Geltungsbereich verkürzt.

Das Grundgesetz versetzt, indem es, wie oben gezeigt worden ist, einen bestimmten kommunalen Aufbau nicht vorschreibt, den (einfachen) Gesetzgeber in die Lage, den unterschiedlichen Anforderungen der Praxis entsprechend die in jeder Hinsicht optimale Verwaltungsstruktur anzuordnen, insbesondere dort, wo er dies für geboten hält, vom herkömmlichen Gemeinde-Kreis-Schema abzuweichen und beispielsweise eine regionale Lösung zu beschließen. Wollte man die Erwähnung der Gemeinden und Kreise in Art. 44 Abs. 1 Vorl. Verf. im Sinne einer erschöpfenden Aufzählung verstehen, die den Landesgesetzgeber generell hindert, im Wege eines einfachen Gesetzes, selbst wenn Gründe der Verwaltungspraxis dies erfordern, neue, in ihrer Art bislang nicht dagewesene Gebietskörperschaften zu schaffen, so wäre eine solche Einengung des gesetzgeberischen Spielraums nur dann hinzunehmen, wenn man unterstellen könnte, daß es dem Grundgesetz nicht auf eine im Einzelfall, also auch unter extremen Voraussetzungen gut funktionierende Selbst-

---

[7] *Werner Weber*, Rechtsgutachten, S. 29, leitet aus der Entstehungsgeschichte des Art. 44 Abs. 1. Vorl. Verf. lediglich ein Verbot solcher kommunalen Körper zwischen Land und Kreisen ab, die als *Gebietskörperschaften*, d. h. als kommunale Verbände höherer Ordnung mit dem Anspruch auf Allzuständigkeit zu qualifizieren sind; er sieht den Gesetzgeber jedoch nicht gehindert, fallweise öffentlich-rechtliche Körperschaften zu bilden, denen *enumerativ* bestimmte Aufgaben übergreifender Art anvertraut sind.

verwaltung ankomme. In Wirklichkeit muß jedoch nach der hier vertretenen Auslegung des Grundgesetzes die kommunale Selbstverwaltung, wenn sie durch ihre Effizienz vor der Universalität der Staatsgewalt und deren Ingerenz in den kommunalen Bereich wirksam schützen soll, die Möglichkeit behalten, die ihr im Einzelfall gemäße äußere Form anzunehmen. Ein landesverfassungsgesetzlich festgelegtes Aufbauschema würde dies verhindern, weil durchgreifende Kommunalreformen, die politisch ohnehin nur mit Schwierigkeiten durchsetzbar sind, aller Voraussicht nach an dem Erfordernis einer qualifizierten Mehrheit scheitern müßten.

Eine starre landesverfassungsrechtliche Regelung, die dem Gesetzgeber nur Gemeinden und Kreise zur Verfügung stellt, widerspräche also, wenn auch nicht dem Wortlaut, so doch dem Grundgedanken des Art. 28 Abs. 2 GG. Dessen an die Adresse der Länder gerichtetes Gebot, eine durch Substanz und Leistungsfähigkeit gekennzeichnete Selbstverwaltung zu erhalten, wird nicht dadurch erfüllt, daß die Länder gewissen Arten von Gebietskörperschaften eine verstärkte Rechtsposition einräumen, die sie gegenüber anderen Arten von Gebietskörperschaften bevorzugt. Ein Mehr an subjektiven Rechten zugunsten bestimmter Selbstverwaltungskörper kann materiell ein Weniger an Selbstverwaltung bedeuten, insofern als es dem Gesetzgeber verwehrt, von Fall zu Fall auf die Bedürfnisse der kommunalen Praxis sachgerecht zu reagieren. In Wahrheit würde ein zugunsten der Gemeinden und Kreise statuiertes Monopol also die grundgesetzliche Garantie kommunaler Selbstverwaltung nicht erweitern, sondern sie im Gegenteil beschränken.

In letzter Konsequenz der hier vertretenen Auffassung wäre eine landesverfassungsrechtliche Norm, welche einen numerus clausus der zulässigen Gebietskörperschaften auf Gemeinden und Kreise festlegt, verfassungswidrig. Da indes der Wortlaut des Art. 44 Abs. 1 Vorl. Verf. nicht eindeutig in dieser Richtung fixiert ist, ist es gestattet, der grundrechtskonformen Interpretation den Vorzug zu geben, nach welcher der Klammerzusatz lediglich — zur Klarstellung gegenüber dem Grundgesetz — die beiden für Niedersachsen wichtigsten Arten von Gebietskörperschaften aufzählt, nicht aber abschließend die hier möglichen Formen gebietskörperschaftlicher Zusammenschlüsse bezeichnet[8]. Auch die Vorläufige Niedersächsische Verfassung läßt also die Schaffung neuartiger kommunaler Räume zu, gleichgültig, ob diese als Regionalstadt bzw. als Regionalkreis herkömmliche Gebietskörperschaften ersetzen oder ob sie als zusätzlicher höherer Gemeindeverband zu ihnen hinzutreten.

---

[8] Freilich ist das „Recht der Selbstverwaltung" durch Art. 44 Abs. 1 Vorl. Verf. nur den Gemeinden und Kreisen garantiert; anderen Gebietskörperschaften, die in aller Regel zugleich Gemeindeverbände sind, steht dieses Recht aber schon auf Grund des Art. 28 Abs. 2 Satz 2 GG zu.

C. Zum Umfang des Rechtsschutzes der Kommunen

Der weite Beurteilungs- und Gestaltungsspielraum des Gesetzgebers bei kommunalen Neugliederungen beruht nach der hier vertretenen Auffassung darauf, daß Art. 28 Abs. 2 GG in erster Linie eine leistungsfähige, gut funktionierende Selbstverwaltung gebietet, deren äußere Gestalt von sekundärer Bedeutung ist. Dieser Standpunkt fordert die Frage heraus, ob und in welchem Umfang die in ihrer Existenz betroffenen Kommunen die Gerichte mit der Behauptung anrufen können, eine Gebietsreform erschwere oder vereitele auf ihrem Gebiet eine gut funktionierende Selbstverwaltung.

So machen in jüngster Zeit zahlreiche Kommunen in dem politisch legitimen Bestreben, ihren Besitzstand zu behaupten, von dem Rechtsbehelf der sogenannten kommunalen Verfassungsbeschwerde (Art. 93 Abs. 1 Nr. 4 b GG i. V. m. § 91 BVerfGG) Gebrauch und unterbreiten den Verfassungsgerichten Fakten, die nach ihrer Ansicht im konkreten Fall Eingemeindungen oder Zusammenlegungen von Gemeinden und Kreisen verbieten; sie behaupten, daß die bestehenden Körperschaften nach Organisation, Leistungskraft und Größe in der Lage seien, die ihnen obliegenden Aufgaben ebenso gut oder besser zu erfüllen als die neugeschaffenen Einheiten.

In dem Verfahren nach § 93 Abs. 1 Nr. 4 b GG können die Gemeinden und Gemeindeverbände zwar grundsätzlich nur Verletzungen des Art. 28 GG rügen[1]. Da aber, wie gezeigt, das Gebot einer funktionierenden Selbstverwaltung — obgleich selbst nur ein Aspekt des allgemeineren Begriffs des öffentlichen Wohls — unmittelbar aus der Verfassungsgarantie des Art. 28 Abs. 2 GG folgt, unterliegt es grundsätzlich der verfassungsgerichtlichen Kognition[2]. Mit der gleichen Berechtigung, mit der eine Gemeinde sich unter Berufung auf Art. 28 Abs. 2 GG gegen den Abzug essentieller, zum Kern ihres Selbstverwaltungsrechts zählender Kompetenzen zur Wehr setzen kann, kann sie grundsätzlich den Schutz der Verfassungsgerichte in Anspruch nehmen, wenn sie glaubt, daß eine bestimmte gebietliche Neuordnung die sachgerechte Erfüllung der Selbstverwaltungsaufgaben in Frage stelle.

Mit dieser Feststellung ist indes nichts über den Umfang der verfassungsgerichtlichen Prüfungskompetenz ausgesagt. Die Befürworter eines umfassenden Rechtsschutzes der Kommunen gegenüber legislativen Eingriffen in ihren territorialen Bestand halten die Verfassungsgerichte für befugt und verpflichtet, *unbeschränkt* zu

---
[1] BVerfGE 1, 167 (181).
[2] Es braucht daher vom hier vertretenen Standpunkt aus nicht näher dargetan zu werden, daß die in den Gemeinde- und Kreisordnungen der Länder (z. B. § 14 Abs. 1 der Niedersächsischen Landkreisordnung: „Aus Gründen des öffentlichen Wohls können die Grenzen der Landkreise geändert und Landkreise aufgelöst oder neu gebildet werden..." und entsprechend § 17 Abs. 1 der Niedersächsischen Gemeindeordnung) einfach-gesetzlich vorgeschriebene Orientierung jeder Gebietsänderung am Gemeinwohl zum verfassungsrechtlich gesicherten Bild der kommunalen Selbstverwaltung gehört und daher geeignet ist, den Gesetzgeber von Verfassungs wegen zu binden. Zu diesen Fragen ausführlich: *Carl Hermann Ule*, Zwangseingemeindung und Verfassungsgerichtsbarkeit, in: Verwaltungsarchiv, Bd. 60 (1969), S. 112—118 mit zahlreichen weiteren Nachweisen.

kontrollieren, ob eine Gebietsänderung durch Gründe des öffentlichen Wohls gerechtfertigt ist; sie fordern darüber hinaus, die Nachprüfung auf die Frage auszudehnen, ob Maßnahme und Zweck in einem angemessenen Verhältnis stehen, insbesondere ob die Gebietsänderung erforderlich ist und nicht etwa andere, weniger einschneidende Maßnahmen den vom Gesetzgeber beabsichtigten Erfolg gleichermaßen erzielen könnten[3].

Diese Auffassung glaubt sich vor allem darauf stützen zu können, daß das Bundesverfassungsgericht in einigen grundlegenden Entscheidungen für sich die Kompetenz in Anspruch genommen hat, den unbestimmten Rechtsbegriff des „öffentlichen Wohls" verbindlich zu interpretieren. Schon in seinem das Grundrecht der Berufsfreiheit betreffenden „Apotheken-Urteil" vom 11. Juni 1958 hatte das Gericht sich nicht damit zufrieden gegeben, die Wertungen des Gesetzgebers als den Ausdruck seines Ermessens ohne weiteres zu akzeptieren, sondern sich für befugt gehalten, die maßgebenden Erwägungen im einzelnen zu analysieren und zu beurteilen[4]. Später hat das Bundesverfassungsgericht in seinem Urteil vom 18. Dezember zum Hamburger Deichordnungsgesetz ausgesprochen, es unterliege verfassungsgerichtlicher Nachprüfung, ob Enteignungsgesetze für ihren konkreten Sachbereich dem Begriff des Allgemeinwohls im Sinne des Art. 14 Abs. 3 GG gerecht würden[5].

Indessen scheitert der Versuch, diese Grundsätze auf die Frage des Prüfungsumfangs im kommunalen Verfassungsbeschwerdeverfahren zu übertragen, daran, daß das Bundesverfassungsgericht sich in den genannten Entscheidungen ausdrücklich nur deshalb zu einer derart weitgehenden Nachprüfung des gesetzgeberischen Willens legitimiert sah, weil es sich um Fälle handelte, in denen es zur Verteidigung individueller *Grundrechte* aufgerufen worden war. Nur um die strengen Voraussetzungen einer zum Schutz öffentlicher Interessen gebotenen Einschränkung von Grundrechten nachprüfen zu können, sah es sich ermächtigt, über das öffentliche Wohl zu judizieren.

Dieser für die Rechtsprechung des Bundesverfassungsgerichts ausschlaggebende Gesichtspunkt würde nur dann für eine umfassende Kontrolle gebietsändernder Gesetze sprechen, wenn der territoriale Besitzstand der Gemeinden und der Gemeindeverbände ihnen eine grundrechtsähnliche, etwa der des Eigentümers vergleichbare Position geben würde. Dies aber ist gerade nicht der Fall: Art. 28 Abs. 2 GG verbürgt die öffentlich-rechtliche Institution der kommunalen Selbstverwaltung und nicht die individuelle Existenz der einzelnen Gemeinde. Gewiß sind „Eingriffe" des Staates in den Funktionsbereich und das Vermögen einer Gemeinde denkbar, die

---

[3] *Ule*, S. 118 f.; *Christian Starck*, Garantie der kommunalen Selbstverwaltung, Baden-Baden 1970, S. 37; *Gerhard Seibert*, Selbstverwaltungsgarantie und kommunale Gebietsreform, Frankfurt a. M. 1971, S. 78—90; *Hubert Görg*, Der Rechtsschutz im Eingemeindungsverfahren, in: DVBl., Jg. 81 (1966), S. 332, und ebenda, Jg. 84 (1969), S. 775 f.; *Herbert Scholtissek*, Verfassungsrechtliche Probleme eines Gebietsänderungsgesetzes (Gutachten, erstattet im Auftrag der Stadt Beuel), Baden-Baden 1968, S. 6—11, 35—47; und *derselbe*, Verfassungsprobleme zur Eingemeindung, in: DVBl., Jg. 83 (1968), S. 830 f.; grundlegend: VerfGH Rheinland-Pfalz, DVBl., Jg. 85 (1970), S. 783 ff. mit zustimmender Anmerkung von *Görg*.

[4] BVerfGE 7, 377 (410—412).

[5] BVerfGE 24, 367 (403—406).

Eingriffen in die private Rechtssphäre auf den ersten Blick ähnlich sind. Solche Konflikte werden aber auf einer Ebene beigelegt, die sich von der Regelung echter Grundrechtskonflikte unterscheidet. Diesen ist nämlich ein existentieller Bezug zum Menschen eigen, dem kommunalen Bereich hingegen ist trotz seiner durch das Grundgesetz erfolgten institutionellen Absicherung ein Bezug zugleich zum Staatlich-Organisatorischen immanent. Dieser erklärt, warum es nicht möglich ist, in diesem Zusammenhang von Grundrechten als subjektiven öffentlichen Rechten zu sprechen[6].

Trotz aller äußerlichen Ähnlichkeiten der gemeindlichen Position mit individuellen, grundrechtlich geschützten Positionen des einzelnen bestehen fundamentale Unterschiede, die letztlich darauf beruhen, daß sich der einzelne Bürger gegenüber dem Staat grundsätzlich vorbehaltlos auf seine letzthin vorstaatlich gedachte Freiheit berufen kann, wogegen die Gemeinde wie jeder Hoheitsträger selbst dem Gemeinwohl zu dienen hat. Eingriffe in den Besitzstand der Kommunen sind daher nicht erst — wie im Fall der Beschränkung des Eigentums oder der Berufsfreiheit — als ultima ratio dann hinzunehmen, wenn das öffentliche Wohl sie mit zwingender Notwendigkeit fordert[7]. Stets hat daher das Bundesverfassungsgericht die Grundsätze der Verhältnismäßigkeit und Erforderlichkeit auf die Fälle beschränkt, in denen hoheitliche Maßnahmen in die Sphäre von Freiheit und Eigentum des einzelnen eingriffen[8].

Unter diesem Aspekt gesehen erscheint es verfehlt, eine Gebietsreform von Verfassungs wegen dahingehend zu beschränken, daß sie nur so viel wie unbedingt unerläßlich an den bestehenden Strukturen verändern dürfe. Vielmehr ist es ihr legitimes Ziel, unter Abwägung aller politisch und rechtlich relevanten Faktoren die als optimal empfundene, wenn auch vielleicht nicht zwingend gebotene Lösung konkreter kommunaler Probleme herbeizuführen.

Hierüber zu befinden, ist in erster Linie Sache der gesetzgebenden Instanzen[9]. So soll auch der im Landesrecht durchweg fixierte Gesetzesvorbehalt für kommunale Neuordnungen[10] gewährleisten, daß durch eine förmliche Entscheidung des Parlaments dem öffentlichen Wohl bestmöglich Rechnung getragen wird. Letzten Endes würde ein Verfassungsgericht, das diese komplizierte politische Entscheidung nach-

---

[6] Das Bundesverfassungsgericht spricht daher juristischen Personen des öffentlichen Rechts die Fähigkeit ab, Träger von Grundrechten zu sein; vgl. BVerfGE 21, 362 (369 ff.); 25, 198 (205); 26, 228 (244).
[7] Überhaupt war der Maßstab des „öffentlichen Wohls" ursprünglich eingeführt worden, nicht um den Gesetzgeber zu binden, sondern um den staatlichen Einfluß auf die Gestaltung des Gemeindegebiets zu erweitern, denn er diente dazu, die im vorigen Jahrhundert als notwendig erachtete Zustimmung der beteiligten Gemeinden zu ersetzen, „wenn das öffentliche Wohl es erheischt", vgl. ausführlich *Friesenhahn*, S. 125 f.
[8] So mit ausführlichen Nachweisen: *Peter Wittig*, Zum Standort des Verhältnismäßigkeitsgrundsatzes im System des Grundgesetzes, in: DÖV, Jg. 21 (1968), S. 819; vgl. auch BVerfGE 19, 342 (348 f.).
[9] *Friesenhahn*, S. 131.
[10] Beispielsweise in § 14 Abs. 2 der Niedersächsischen Landkreisordnung und in § 18 Abs. 1 der Niedersächsischen Gemeindeordnung.

vollziehen und in vollem Umfang über ihre Zweckmäßigkeit befinden wollte, den ihm zugewiesenen Bereich der Rechtserkenntnis verlassen und entgegen dem gebotenen „judicial self-restraint" selbst eine politische Willensentscheidung treffen.

So lassen sich die den Gerichten immer wieder gestellten Fragen, ob eine bestimmte neugeschaffene Körperschaft eine nach Qualität und Effizienz verbesserte Selbstverwaltung zuläßt oder ob sie die von ihr erwartete integrierende Funktion erfüllen kann, zwar unter soziologischen, politologischen und ökonomischen Blickpunkten prüfen. Sie sind aber an juristischen Maßstäben nur in einem sehr begrenzten Umfang zu messen, weil sie letzten Endes von außerverfassungsrechtlichen Wertungen und nicht zuletzt den persönlichen Anschauungen der Parlamentarier über das, was sie für politisch wünschenswert und praktisch vollziehbar halten, abhängen. Hinzu kommt, daß sich der von einer Gebietsänderung erhoffte Erfolg häufig erst nach ihrer Bewährung im Laufe der Jahre wird erweisen können.

Deshalb ist der Begriff des „öffentlichen Wohls" nur insoweit justiziabel, als die äußersten, aus dem allgemeinen Willkürgebot (Art. 3 Abs. 1 GG) zu entnehmenden Grenzen gesetzgeberischen Handelns respektiert werden müssen[11]. Nur dann, wenn sachlich einleuchtende Gründe schlechterdings nicht erkennbar sind, können die Verfassungsgerichte Gebietsänderungsgesetzen entgegentreten[12]. Hiernach wären die Verfassungsgerichte z. B. befugt, Gebietsänderungen für nichtig zu erklären, die ausschließlich der Ämterpatronage dienen oder offensichtlich dazu bestimmt sind, parteipolitische Mehrheitsverhältnisse zu manipulieren. Hierher gehören auch Gemeindezusammenlegungen, die ohne Rücksicht auf die vorhandene Leistungskraft des betreffenden Gebiets, sozusagen vom Reißbrett aus beschlossen werden und damit die Fortsetzung einer am Allgemeinwohl orientierten Versorgung der Bürger gröblich gefährden[13].

Da die angeführten Mängel nur dann zur Aufhebung des Gesetzes führen können, wenn sie evident und beweisbar zutage treten, werden die Verfassungsgerichte freilich nur in Ausnahmefällen den Gesetzgeber korrigieren können. Bezeichnenderweise waren den kommunalen Verfassungsbeschwerden daher nennenswerte Er-

---

[11] Zur Rechtsprechung des Bundesverfassungsgerichts über die durch das Willkürverbot begrenzte Gestaltungsfreiheit des Gesetzgebers vgl. die Nachweise bei *Gerhard Leibholz* und *Hans Justus Rinck*, Grundgesetz für die Bundesrepublik Deutschland, Kommentar, 4. Aufl. Köln 1971, Rdnr. 9 und 10 zu Art. 3.
[12] VerfGH Nordrhein-Westfalen in ständiger Rechtsprechung, vgl. OVGE 22, 316 (317 f.), DÖV, Jg. 22 (1969), S. 568; *Herbert Bethge*, Der Umfang des Prüfungsmaßstabs des Bundesverfassungsgerichts im Verfahren der kommunalen Verfassungsbeschwerde, in: DÖV, Jg. 25 (1972), S. 160; *Salzwedel*, S. 810 ff., leitet aus Art. 28 Abs. 2 GG ebenfalls nur ein Willkürverbot her; er vertritt aber den Standpunkt, in den Landesverfassungen werde der Bestand der historisch gewachsenen Gemeinden gewährleistet, weil Art. 29 Abs. 1 GG den Ländern die Rolle von Bewahrern geschichtlicher Tradition zuweise. Indes besitzt dieser Gedanke — außer wenn die Landesverfassungen ihn ausdrücklich fixieren — in erster Linie politische, nicht aber verfassungsrechtliche Relevanz.
[13] Sehr weit ist in diesem Sinn der VerfGH Rheinland-Pfalz gegangen (DVBl., Jg. 85 [1970], S. 785), der in der Ausgliederung einer Gemeinde aus einer Verbandsgemeinde wegen der besonderen Gegebenheiten eine Verletzung des Gemeinwohls erblickte.

folge bislang nicht beschieden. Abgesehen von den Fällen, in denen die Gerichte Eingemeindungen aus formalen Gründen, etwa weil die Gemeinden zuvor nicht in ausreichendem Maße angehört worden waren, für nichtig erklärt haben[14], ist den Anträgen der Beschwerdeführer nur ganz vereinzelt von einem Landesverfassungsgericht mit der Begründung entsprochen worden, das öffentliche Wohl sei mit hinreichender Evidenz verletzt[15]. Beim Bundesverfassungsgericht ist bisher keine Kommune mit einer derartigen Verfassungsbeschwerde durchgedrungen. Sie haben sämtlich die erste Hürde des gemäß § 93 a BVerfGG berufenen Vorprüfungsausschusses nicht genommen und sind als unzulässig oder mangels hinreichender Erfolgsaussicht zur Entscheidung nicht angenommen worden[16].

Die Verfassungsgerichte sind hiernach nicht in der Lage, den Kommunen einen wirksamen Rechtsschutz gegenüber legislativen *Gebietsänderungen* zu gewähren. Sie können nach dem Inhalt der institutionellen Garantie Schutz erst dort gewähren, wo es sich um die Substanz des Selbstverwaltungsrechts, d. h. die *Selbständigkeit* der Kommunen und ihre *Unabhängigkeit* vor staatlicher Ingerenz handelt. So ist das in Art. 28 Abs. 2 GG festgelegte Recht der Kommunen, ihre Angelegenheiten „in eigener Verantwortung" zu regeln — weil juristisch bestimmbar — der richterlichen Kontrolle zugänglich. In diesem Zusammenhang hat die Rechtsprechung des Bundesverfassungsgerichts folglich praktikable Maßstäbe entwickeln können, nach denen sich beurteilen läßt, ob staatliche Maßnahmen den unantastbaren Wesensgehalt kommunaler Hoheitsrechte verletzen. Auch am Beispiel der gerichtlichen Kontrollbefugnisse bestätigt sich somit die Richtigkeit der hier vertretenen Grundkonzeption, daß das Grundgesetz mit der Selbstverwaltungsgarantie in erster Linie das politische Prinzip staatsunabhängiger Verwaltung verfassungsrechtlich absichern will, während es die konkrete Gestaltung der äußeren Form der kommunalen Selbstverwaltungskörper — mit anderen Worten: die Gliederung des Staatsgebiets — weitgehend dem Ermessen des politisch agierenden Landesgesetzgebers anvertraut.

Das Bundesverfassungsgericht müßte sich, wenn es über die Verfassungsmäßigkeit eines Gesetzes zur Bildung einer Regionalstadt oder eines Regionalkreises zu befinden hätte, auf die Beurteilung der Frage beschränken, ob der Gesetzgeber die beteiligten Kommunen angehört hat und die vom Gesetzgeber getroffenen sachlichen Feststellungen und Wertungen „eindeutig widerlegbar" oder „offensichtlich

---

[14] Vgl. z. B. VerfGH Rheinland-Pfalz, DVBl., Jg. 85 (1970), S. 779 und 785.

[15] Vgl. die Urteile des VerfGH Rheinland-Pfalz, ebenda, S. 780, 783, 785; kritisch zu ihnen: *Friesenhahn*, S. 125, Anm. 23 und S. 131, Anm. 36.

[16] Vgl. die Aufstellung von *Granderath*, S. 332 ff. Nach den dort mitgeteilten Begründungen der (nicht zur Veröffentlichung bestimmten) Nichtannahmebeschlüsse erkennt das Bundesverfassungsgericht grundsätzlich die Beurteilungs- und Gestaltungsfreiheit des Gesetzgebers an und prüft nur, ob die Grenzen dieses Ermessens im Einzelfall eindeutig überschritten worden sind. Selbst Regelungen, die tatsächlich unbefriedigend erscheinen, sind danach hinzunehmen. Das Bundesverfassungsgericht läßt im Interesse einer großräumigen Ordnung und einer zukunftsorientierten Planung die Zusammenlegung auch solcher Selbstverwaltungskörperschaften zu, die bislang in der Lage waren, ihre öffentlichen Aufgaben zu erfüllen.

fehlsam" waren[17]. Es würde aber die Frage, ob der neugeschaffene Körper einen natürlich gewachsenen Wirtschafts- und Lebensraum umfaßt, nicht abschließend zu beantworten haben. Dient die Bildung einer Regionalstadt oder eines Regionalkreises erkennbar dem Ziel, die Entwicklung eines Ballungsgebiets durch die konsequente Vereinigung von Verwaltung und Planung zu fördern, mit anderen Worten: sucht sie dem Umstand Rechnung zu tragen, daß die industrielle Gesellschaft vor allem im großstädtischen Verdichtungsraum die herkömmliche Unterscheidung von Stadt und Land überwunden hat[18], weil beide heute in vielerlei Hinsicht aufeinander angewiesen sind, so erscheint die Lösung verfassungsrechtlich als legitim. Sie wäre damit, selbst wenn ihre Opportunität in Zweifel gezogen werden könnte, verfassungsgerichtlich nicht angreifbar.

---

[17] So neuerdings mit aller Deutlichkeit der Staatsgerichtshof Baden-Württemberg in dem sehr instruktiven Urteil vom 8. 9. 1972, DÖV, Jg. 26 (1973), S. 163 ff.; vgl. hierzu *Hans-Werner Rengeling*, Die verfassungsgerichtliche Überprüfung von Gesetzen zur kommunalen Gebietsreform, in: Der Landkreis, Jg. 44 (1974), S. 52 ff. Im Sinne des Textes ferner: VerfGH Nordrhein-Westfalen OVGE 26, 270 (277); weitere Nachweise bei *Hans-Jürgen v. d. Heide*, Rechtsprechung zur Gebiets- und Verwaltungsreform in den Ländern, in: Der Landkreis, Jg. 41 (1971), S. 224.
[18] *Gerhard Isbary*, Der Standort der Städte in der Raumordnung, Göttingen 1964, S. 9 (Schriftenreihe des Deutschen Städtebundes, H. 2).

D. Ergebnis

Das Grundgesetz gewährleistet nicht den Bestand einzelner Gemeinden oder Gemeindeverbände. Die verfassungsmäßig verbürgte institutionelle Garantie der Selbstverwaltung impliziert allenfalls zugunsten der Gemeinden, nicht aber zugunsten bestimmter anderer kommunaler Körperschaften, insbesondere der Kreise, eine Existenzgarantie. Art. 28 GG legt den Landesgesetzgeber auch nicht mit allgemeiner Verbindlichkeit auf einen bestimmten kommunalen Aufbau oder auf bestimmte Größenordnungen der Kommunen fest.

Das Grundgesetz gestattet dem Gesetzgeber um der Erhaltung einer gut funktionierenden Selbstverwaltung willen, den Besonderheiten der zu regelnden Situation durch gebietliche Ordnungen Rechnung zu tragen, die von dem herkömmlichen Bild der Gemeinden und Kreise abweichen.

Entsprechendes gilt im Hinblick auf die Vorläufige Niedersächsische Verfassung. Auch sie schließt trotz ihres gegenüber dem Grundgesetz abweichenden Wortlauts nicht aus, daß in Niedersachsen neben den Gemeinden und Kreisen oder an ihrer Stelle kommunale Gebietskörperschaften anderer Art gebildet werden.

Beide Verfassungen lassen in letzter Konsequenz die Schaffung großflächiger Regionalstädte zu. Erst recht ist dem Gesetzgeber die Möglichkeit gegeben, weniger umwälzende regionale Lösungen zu beschließen, die etwa von der Konzeption eines Regionalkreises ausgehen und damit prinzipiell an einem mehrstufigen kommunalen Aufbau festhalten.

LITERATUR

Ahrens, Karl, Das Beispiel des Verbandes Großraum Hannover, in: Die Verwaltungsregion, Stuttgart u. a. 1967, S. 41 ff. (Schriftenreihe des Vereins für Kommunalwissenschaften, Bd. 16).

Becker, Erich, Entwicklung der deutschen Gemeinden und Gemeindeverbände im Hinblick auf die Gegenwart, in: Handbuch der kommunalen Wissenschaft und Praxis, hrsg. von Hans Peters, Bd. 1: Kommunalverfassung, Berlin u. a. 1956, S. 62 ff.

Becker Erich, Die Selbstverwaltung als verfassungsrechtliche Grundlage der kommunalen Ordnung in Bund und Ländern, in: Handbuch der kommunalen Wissenschaft und Praxis, hrsg. von Hans Peters, Bd. 1: Kommunalverfassung, Berlin u. a. 1956, S. 113 ff.

Bethge, Herbert, Der Umfang des Prüfungsmaßstabs des Bundesverfassungsgerichts im Verfahren der kommunalen Verfassungsbeschwerde, in: DÖV, Jg. 25 (1972), S. 155 ff.

Bielenberg, Walter, Erwiderung auf Klotz, Zuständigkeit der kommunalen Selbstverwaltungskörperschaften in der Regionalplanung (DÖV, Jg. 20 [1967], S. 184 ff.), in: DÖV, Jg. 20 (1967), S. 190 ff.

Bischoff, Friedrich, Die Regionalstadt, in: Der Landkreis, Jg. 39 (1969), S. 13 ff.

Brügelmann, Hermann u. a., Raumordnungsgesetz vom 8. April 1965, Kommentar, Stuttgart u. s. 1965 ff. (Loseblattausgabe).

Conrady, Hans-Peter, „Angelegenheiten der örtlichen Gemeinschaft" nach Art. 28 Abs. II Satz 1 GG?, in: DVBl., Jg. 85 (1970), S. 408 ff.

Entstehungsgeschichte der Artikel des Grundgesetzes, bearb. von Klaus-Berto v. Doemming u. a., in: Jahrbuch des öffentlichen Rechts, N. F. Bd. 1 (1951), S. 253—257.

Evers, Hans-Ulrich, Reform oder Liquidation der Landkreise?, in: DVBl., Jg. 84 (1969), S. 765 ff.

Forsthoff, Ernst, Lehrbuch des Verwaltungsrechts, Bd. 1, 9. Aufl. München und Berlin 1966.

Forsthoff, Ernst, Um die kommunale Selbstverwaltung, in: Zeitschrift für Politik, Bd. 21 (1931), S. 248 ff.

Freudenberg, Dierk, Mittelbare und unmittelbare Wahl in Kreisen und höheren Gemeindeverbänden, Göttingen 1970 (Schriftenreihe des Deutschen Städtebundes, H. 16).

Friesenhahn, Ernst, Die verfassungsrechtliche Garantie der kommunalen Selbstverwaltung in der Bundesrepublik Deutschland und im Land Nordrhein-Westfalen und die Rechtsprechung der Verfassungsgerichte, in: Der Staat als Aufgabe, Gedenkschrift für Max Imboden, hrsg. von Peter Saladin und Luzius Wildhaber, Basel und Stuttgart 1972, S. 128.

Gappa, Kurt, London und seine Kommunalverfassung, in: Jahrbuch des öffentlichen Rechts, Bd. 16 (1967), S. 325 ff.

Göb, Rüdiger, Die Zukunft der kommunalen Selbstverwaltung, in: DÖV, Jg. 22 (1969), S. 840 ff.

Gönnenwein, Otto, Gemeinderecht, Tübingen 1963.

Görg, Hubert, Der Rechtsschutz im Eingemeindungsverfahren, in: DVBl., Jg. 81 (1966), S. 329 ff.

Görg, Hubert, Nochmals: Der Rechtsschutz im Eingemeindungsverfahren, in: DVBl., Jg. 81 (1969), S. 772 ff.

Goetz, Harry, Berlin, in: Handbuch der kommunalen Wissenschaft und Praxis, hrsg. von Hans Peters, Bd. 1: Kommunalverfassung, Berlin u. a. 1956, S. 484 ff.

Granderath, Reinhard, Die kommunale Gebietsreform in der Praxis des Bundesverfassungsgerichts, in: DÖV, Jg. 26 (1973), S. 332 ff.

Grüter, Stephan, Ist die Bildung von Regionalkreisen verfassungsrechtlich zulässig?, in: Kommunalpolitische Blätter, Jg. 21 (1969), S. 232 f.

Hamann, Andreas und *Helmut Lenz,* Das Grundgesetz für die Bundesrepublik Deutschland vom 23. Mai 1949, Kommentar, 3. Aufl. Neuwied und Berlin 1970.

Hartkopf, Günter und *Hubert Gschwendtner,* Empfiehlt es sich, durch Einfügung einer Ziffer 6 in den Art. 75 des Grundgesetzes dem Bund die Befugnis zum Erlaß von Rahmenvorschriften in Gemeindewesen zu verleihen?, Referat und Materialien zum 49. Deutschen Juristentag, Bonn 1972.

v. d. Heide, Hans-Jürgen, Rechtsprechung zur Gebiets- und Verwaltungsreform in den Ländern, in: Der Landkreis, Jg. 41 (1971), S. 221 ff.

v. d. Heide, Hans-Jürgen, Hat die kommunale Selbstverwaltung eine Zukunft?, in: DÖV, Jg. 21 (1968), S. 408 ff.

Hennock, Peter, Die Entwicklung der Londoner Kommunalverwaltung, in: AfK, Jg. 2 (1963), S. 55 ff.

Hesse, Konrad, Aspekte des kooperativen Föderalismus in der Bundesrepublik, in: Festschrift für Gebhard Müller, hrsg. von Theo Ritterspach und Willi Geiger, Tübingen 1970, S. 141 ff.

Hesse, Konrad, Grundzüge des Verfassungsrechts der Bundesrepublik Deutschland, 3. Aufl. Karlsruhe 1969.

Honnacker, Heinz, Die Region — Planungs- oder Verwaltungskörperschaft der Zukunft?, in: Recht und Staat, Festschrift für Günther Küchenhoff zum 65. Geburtstag, hrsg. von Hans Halblitzel und Michael Wollenschläger, 2. Halbbd., Berlin 1972, S. 501 ff.

Isbary, Gerhard, Die Entwicklung der Stadt von heute zur Siedlungsform von morgen, in: Polis und Regio, hrsg. von Edgar Salin u. a., Basel und Tübingen 1967, S. 252 ff.

Isbary, Gerhard, Der Standort der Städte in der Raumordnung, Göttingen 1964 (Schriftenreihe des Deutschen Städtebundes, H. 2).

Isensee, Josef, Subsidiaritätsprinzip und Verfassungsrecht, Berlin 1968.

Statistisches Jahrbuch für die Bundesrepublik Deutschland 1973, Abschnitt 1.

Klein, Hans Hugo, Demokratie und Selbstverwaltung, in: Festschrift für Ernst Forsthoff, hrsg. von Roman Schnur, München 1972, S. 165 ff.

Klerke, Horst, Das Niedersächsische Landkreisrecht auch im Vergleich mit dem bayerischen Kreisrecht, Diss. Würzburg 1970.

Klotz, Erhard, Zuständigkeit der kommunalen Selbstverwaltungskörperschaften in der Regionalplanung, in: DÖV, Jg. 20 (1967), S. 184 ff.

König, René, Die Gemeinde im Blickfeld der Soziologie, in: Handbuch der kommunalen Wissenschaft und Praxis, hrsg. von Hans Peters, Bd. 1: Kommunalverfassung, Berlin u. a. 1956, S. 18 ff.

König, René, Großstadt, in: Handbuch der empirischen Sozialforschung, hrsg. von René König, Bd. 2, Stuttgart 1969, S. 622 ff.

Köttgen, Arnold, Das Grundrecht der deutschen Universität, Göttingen 1959.

Köttgen, Arnold, Die Krise der kommunalen Selbstverwaltung, Tübingen 1931.

Köttgen, Arnold, Kommunale Selbstverwaltung zwischen Krise und Reform, Stuttgart u. a. 1968 (Schriftenreihe des Vereins für Kommunalwissenschaften, Bd. 25).

Köttgen, Arnold, Wesen und Rechtsform der Gemeinden und Gemeindeverbände, in: Handbuch der kommunalen Wissenschaft und Praxis, hrsg. von Hans Peters, Bd. 1: Kommunalverfassung, Berlin u. a. 1956, S. 185 ff.

Kommentar zum Bonner Grundgesetz (Bonner Kommentar), Hamburg 1950 ff. (Loseblattausgabe) (zitiert: Bonner Kommentar).

Korte, Heinrich, Verfassung und Verwaltung des Landes Niedersachsen, Göttingen 1962.

Lange, Hans-Georg, Das regionale Mißverständnis, in: Der Städtetag, N. F. Jg. 25 (1972), S. 475.

Lange, Klaus, Die Organisation der Region, Diss. Göttingen 1968.

Laux, Eberhard, Die administrative Funktion des Kreises, in: Der Kreis, Bd. 1, Köln und Berlin 1972, S. 93 ff.

Leibholz, Gerhard, Constitutional Law and Constitutional Reality, in: Festschrift für Karl Loewenstein, hrsg. von Henry Steele Commager u. a., Tübingen 1971, S. 305 ff.

Leibholz, Gerhard, Das Prinzip der Selbstverwaltung und der Art. 28 Abs. 2 Grundgesetz, in: DVBl., Jg. 88 (1973), S. 715 ff.

Leibholz, Gerhard, Strukturprobleme der modernen Demokratie, 3. Aufl. Karlsruhe 1967.

Leibholz, Gerhard, Verfassungsrecht und Verfassungswirklichkeit, in: Hessische Hochschulwochen für staatswissenschaftliche Fortbildung, Bd. 8 (1955), S. 34 ff.

Leibholz, Gerhard und *Hans Justus Rinck*, Grundgesetz für die Bundesrepublik Deutschland, Kommentar, 4. Aufl. Köln 1971.

Lerche, Peter, Zur Verfassungsposition der Landkreise, in: DÖV, Jg. 22 (1969), S. 46 ff.

Loschelder, Wilhelm, Die Kommunalverfassung in ihrer Bewährung, in: DÖV, Jg. 22 (1969), S. 801 ff.

v. Mangoldt, Hermann und *Friedrich Klein*, Das Bonner Grundgesetz, Bd. 1, 2. Aufl. Berlin und Frankfurt am Main 1957.

Mattenklodt, Herbert-Fritz, Ist die Bildung von Regionalkreisen verfassungsrechtlich zulässig?, in: Kommunalpolitische Blätter, Jg. 21 (1969), S. 10 f. und 233 f.

Matzerath, Horst, Nationalsozialismus und kommunale Selbstverwaltung, Stuttgart u. a. 1970 (Schriftenreihe des Vereins für Kommunalwissenschaften, Bd. 29).

Maunz, Theodor, Günter Dürig und *Roman Herzog,* Grundgesetz, Kommentar, 3. Aufl. München 1973 (Loseblattausgabe).

Meyer-Schwickerath, Klaus, Der Mehrzweckverband als Institution der kommunalen Zusammenarbeit im Verdichtungsraum, in: DVBl., Jg. 84 (1969), S. 779 ff.

Müthling, Hans, Die Geschichte der deutschen Selbstverwaltung, Köln 1966.

Naunin, Helmut, Minderheitsvotum zur institutionellen Garantie der Landschaftsverbände, in: Die kommunale und staatliche Neugliederung des Landes Nordrhein-Westfalen (Gutachten, erstattet durch die von der Landesregierung eingesetzte Sachverständigenkommission) Abschnitt C: Die staatliche und regionale Neugliederung des Landes Nordrhein-Westfalen, 3. Aufl. Köln 1968, S. 79 f.

Naunin, Helmut, Verfassungsrecht der regionalen Gemeindeverbände, in: Handbuch der kommunalen Wissenschaft und Praxis, hrsg. von Hans Peters, Bd. 1: Kommunalverfassung, Berlin u. a. 1956, S. 470 ff.

Neuffer, Martin, Das Großraum-Hannover-Gesetz vor der Bewährung, in: DÖV, Jg. 16 (1963), S. 823 ff.

Vorläufige Niedersächsische Verfassung vom 13. April 1951 (Nds. GVBl. S. 103), Bd. 1: Beratungen im Verfassungsausschuß und Plenum des Niedersächsischen Landtages der Ersten Wahlperiode, Hannover 1951.

Niemeier, Hans, Bund und Gemeinden, Berlin 1972.

Nouvortne, Albert, Das Gesetz zur Ordnung des Großraumes Hannover als Teil des Kommunalrechts, in: DÖV, Jg. 16 (1963), S. 819 ff.

Oberndorfer Peter, Gemeinderecht und Gemeindewirklichkeit, Linz 1971.

Pagenkopf, Hans, Kommunalrecht, Köln u. a. 1971.

Peters, Hans, Grenzen der kommunalen Selbstverwaltung in Preußen, Berlin 1926.

Peters, Hans, Die Krisis der ländlichen Selbstverwaltung, in: Gegenwartsfragen der Kommunalverwaltung, Berlin 1929, S. 139 ff.

Peters, Hans, Lehrbuch der Verwaltung, Berlin, Göttingen und Heidelberg 1949.

Peters, Hans, Die allgemeine Problematik der heutigen Kreisverfassung als Ergebnis geschichtlicher Entwicklung, in: Aktuelle Probleme des Verfassungsrechts im Landkreis, Mannheim 1953, S. 3 ff.

Peters, Hans, Zentralisation und Dezentralisation, Berlin 1928.

Preuss, Hugo, Die Entwicklung des deutschen Städtewesens, Bd. 1, Leipzig 1906.

Püttner, Günter, Die politische Funktion des Kreises als Selbstverwaltungskörperschaft und seine Organisation, in: Der Kreis, Bd. 1, Köln und Berlin 1972, S. 137 ff.

Püttner, Günter, Zur Reform der Berliner Verwaltung, in: DÖV, Jg. 22 (1969), S. 829 ff.

Rasch, E., Bemerkungen zur Verwaltungsregion, in: DVBl., Jg. 83 (1968), S. 832 ff.

Die Rechtssprechung des Staatsgerichtshofs für das deutsche Reich und des Reichsgerichts auf Grund Artikel 13 Absatz 2 der Reichsverfassung, hrsg. von Hans-Heinrich Lammers und Walter Simons, Bd. 2, Berlin 1929.

Rengeling, Hans-Werner, Die verfassungsrechtliche Überprüfung von Gesetzen zur kommunalen Gebietsreform, in: Der Landkreis, Jg. 44 (1974), S. 52 ff.

Rinck, Hans Justus, Das Großstadt-Umland-Problem, in: DVBl., Jg. 84 (1969), S. 784 ff.

Salzwedel, Jürgen, Kommunale Gebietsänderung und Selbstverwaltungsgarantien, in: DÖV, Jg. 22 (1969), S. 810 ff.

Schelsky, Helmut, Mehr Demokratie oder mehr Freiheit?, in: Frankfurter Allgemeine Zeitung vom 20. 1. 1973, S. 7 f.

Scheuner, Ulrich, Zur Neubestimmung der kommunalen Selbstverwaltung, in: AfK, Jg. 12 (1973), S. 1 ff.

Scheuner, Ulrich, Stellung und Aufgaben kommunaler Regionalverbände, in: Die Verwaltungsregion, Stuttgart u. a. 1967, S. 11 ff. (Schriftenreihe des Vereins für Kommunalwissenschaften, Bd. 16).

Schmidt-Bleibtreu, Bruno und *Franz Klein,* Kommentar zum Grundgesetz für die Bundesrepublik Deutschland, 2. Aufl. Neuwied und Berlin 1969.

Schmitt, Carl, Freiheitsrechte und institutionelle Garantien der Reichsverfassung (1931), in: Verfassungsrechtliche Aufsätze aus den Jahren 1924—1954. Materialien zu einer Verfassungslehre, 2. Aufl. Berlin 1973.

Schnur, Roman, Regionalkreise?, Köln 1971 (Abhandlungen zur Kommunalpolitik, Bd. 1).
Scholtissek, Herbert, Verfassungsrechtliche Probleme eines Gebietsänderungsgesetzes (Gutachten, erstattet im Auftrag der Stadt Beuel), Baden-Baden 1968.
Scholtissek, Herbert, Verfassungsprobleme zur Eingemeindung, in: DVBl., Jg. 83 (1968), S. 825 ff.
Seibert, Gerhard, Selbstverwaltungsgarantie und kommunale Gebietsreform, Frankfurt a. M. 1971.
Smend, Rudolf, Verfassung und Verfassungsrecht, in: derselbe: Staatsrechtliche Abhandlungen, Berlin 1955, S. 270.
Spörlein, Helmut, Die Samtgemeinden in Niedersachsen, Göttingen 1965.
Starck, Christian, Garantie der kommunalen Selbstverwaltung, Baden-Baden 1970 (Verfassungsrecht in Fällen, Bd. 17).
Steinbach, Franz und *Erich Becker,* Geschichtliche Grundlagen der kommunalen Selbstverwaltung in Deutschland, Bonn 1932.
Stern, Klaus, in: Bonner Kommentar, Rdnr. 120 zu Art. 28.
Stern, Klaus, Die verfassungsrechtliche Garantie des Kreises, in: Der Kreis, Bd. 1, Köln, Berlin 1972, S. 156 ff.
Stern, Klaus, Zur Problematik eines Regionalkreises im Großraum Hannover (Rechtsgutachten im Auftrage des Landkreises Burgdorf) 1971 (maschinenschriftlich).
Stern, Klaus und *Günter Püttner,* Grundfragen zur Verwaltungsreform im Stadtumland. Empfehlungen zur Neuordnung von Ballungsgebieten, dargestellt am Großraum Hannover, Berlin und Frankfurt a. M. 1968.
Stier-Somlo, Fritz, Das Grundrecht der kommunalen Selbstverwaltung unter besonderer Berücksichtigung des Eingemeindungsrechts, in: Archiv des öffentlichen Rechts, N. F. Bd. 17 (1929), S. 1 ff.
Thieme, Werner, Bund, Länder und Gemeinden, in: AfK, Jg. 2 (1963), S. 185 ff.
Thieme, Werner, Selbstverwaltungsgarantie und Gemeindegröße, in: DVBl., Jg. 81 (1966), S. 325 ff.
Ule, Carl Hermann, Zwangseingemeindung und Verfassungsgerichtsbarkeit, in: Verwaltungsarchiv, Bd. 60 (1969), S. 101 ff.
v. Unruh, Georg-Christoph, Der Kreis - Ursprung und Ordnung einer kommunalen Körperschaft, Köln und Berlin 1964.
v. Unruh, Georg-Christoph, Der Kreis - Ursprung, Wesen und Wandlungen, in: Der Kreis, Bd. 1, Köln und Berlin 1972, S. 11 ff.
v. Unruh, Georg-Christoph, Verfassung und Auftrag des Kreises im demokratischen und sozialen Rechtsstaat, Köln und Berlin 1967.
Verwaltungs- und Gebietsreform in Niedersachsen, hrsg. vom Niedersächsischen Ministerium des Innern, Hannover 1969.
Wagener, Frido, Der Kreis im Gefüge der Verwaltungsorganisation, in: Der Kreis, Bd. 1, Köln und Berlin 1972, S. 48 ff.
Wagener, Frido, Neubau der Verwaltung, Berlin 1969 (Schriftenreihe der Hochschule Speyer, Bd. 41).
Wagener, Frido, Von der Raumplanung zur Entwicklungsplanung, in: DVBl., Jg. 85 (1970), S. 93 ff.
Weber, Werner, Rechtsgutachten über die Vereinbarkeit des Entwurfs eines Gesetzes über die Errichtung eines Verbandes Großraum Hannover (GrHG) . . . mit dem Grundgesetz und der Vorläufigen Niedersächsischen Verfassung, erstattet auf Ansuchen des Niedersächsischen Ministers des Innern, 1973 (maschinenschriftlich).
Weber, Werner, Staats- und Selbstverwaltung in der Gegenwart, 2. Aufl. Göttingen 1967.
Weber, Werner, Entspricht die gegenwärtige kommunale Struktur den Anforderungen der Raumordnung? Empfehlen sich gesetzgeberische Maßnahmen der Länder und des Bundes? Welchen Inhalt sollten sie haben? (Gutachten für den 45. Deutschen Juristentag), München und Berlin 1964.
Weber, Werner, Die Verwaltungs- und Gebietsreform des Landes Niedersachsen, in: Festschrift für Viktor Wurm „Für den Tag geschrieben", Göttingen 1968, S. 23 ff.
Wiese, Rolf, Garantie der Gemeindeverbandsebene, Frankfurt a. M. 1972 (Schriften zum deutschen Kommunalrecht, Bd. 2).
Wittig, Peter, Zum Standort des Verhältnismäßigkeitsgrundsatzes im System des Grundgesetzes, in: DÖV, Jg. 21 (1968), S. 817 ff.

Wolff, Hans Julius, Verwaltungsrecht, Bd. 2, 3. Aufl. München und Berlin 1970.
Wortmann, Wilhelm, Aufgaben der Regionalplanung, in: Die Ordnung des größeren Raumes (Referate der Arbeitstagung des 7. Deutschen Volksheimstättentages), Köln 1964, S. 23 ff.
Ziebill, Otto, Politische Parteien und kommunale Selbstverwaltung, 2. Aufl. Stuttgart u. a. 1972 (Schriftenreihe des Vereins für Kommunalwissenschaften, Bd. 7).

ABKÜRZUNGEN

a. A.	anderer Ansicht
AfK	Archiv für Kommunalwissenschaften
Anm.	Anmerkung
BVerfGE	Entscheidungen des Bundesverfassungsgerichts, zitiert nach Bd. und Seite
DÖV	Die öffentliche Verwaltung
DVBl.	Deutsches Verwaltungsblatt
GG	Grundgesetz für die Bundesrepublik Deutschland
i. V. m.	in Verbindung mit
JZ	Juristenzeitung
Nds. GVBl.	Gesetz- und Verordnungsblatt für das Land Niedersachsen
OVGE	Entscheidung des Oberverwaltungsgerichts
RegBl.	Regierungsblatt
VerfGH	Verfassungsgerichtshof
WV	Weimarer Verfassung

Schriften des Deutschen Instituts für Urbanistik
Schriftenreihe des Vereins für Kommunalwissenschaften e. V. Berlin

Die Regionalstadt
von Gerhard Leibholz und Dieter Lincke. Bd. 48. 1974. 63 S. DM 9,50

Die Gemeindeordnungen in der Bundesrepublik Deutschland
mit einer Einführung von Gerd Schmidt-Eichstaedt und Wolfgang Haus. Bd. 47. 1975. Ca. 400 S. DM 48,—

Zwischen Rathaus und Reichskanzlei
Die Oberbürgermeister in der Kommunal- und Staatspolitik des Deutschen Reiches von 1890 bis 1933
von Wolfgang Hofmann. Bd. 46. 1974. 309 S. DM 30,—

Quellen zum modernen Gemeindeverfassungsrecht in Deutschland
bearbeitet von Christian Engeli und Wolfgang Haus. Bd. 45. 1975. 811 S. DM 69,—

Die Kreisordnungen in der Bundesrepublik Deutschland
mit einer Einführung von Gerd Schmidt-Eichstaedt und Wolfgang Haus. Bd. 44. 1974. Ca. 200 S. DM 28,—

Kosten-Nutzen-Analyse und Stadtentwicklungsplanung
von Reinhard Sellnow. Bd. 43. 1973. VIII, 148 S. DM 15,—

Planifikation und Regionalpolitik in Frankreich
von Adolf Fritsch. Bd. 42. 1973. XIII, 253 S. DM 26,—

Weitere Publikationen des Deutschen Instituts für Urbanistik

Arbeitshilfen

1: Kommunale Entwicklungsplanung: **Schulentwicklungsplanung**
Berlin 1974. Loseblattsammlung, ca. 500 S., graph. Darstellungen, Falttafel. DM 49,—

2: Kommunale Entwicklungsplanung: **Öffentlichkeitsarbeit**
Berlin 1974, Loseblattsammlung, ca. 500 S., graph. Darstellungen, Falttafel. DM 49,—

Gutachten

Einrichtung eines Bürgerforums. Gutachten im Auftrag der Stadt Bonn, bearbeitet von Hans-Erhard Haverkampf. Berlin 1974. ca. 75 S. DM 3,—

Dokumentation von Zielsystemen zur Stadtentwicklungsplanung. Gutachten im Auftrag der Stadt Nürnberg, vorgelegt von Thomas Franke. Berlin 1974. Loseblattsammlung, ca. 260 S. DM 18,—

Stadtentwicklungsplanung und Kreisentwicklungsplanung im Gefüge öffentlicher Planung. Eine Studie zum Planungsverbund von Günter Püttner unter Mitwirkung von Franz Schneider. Berlin 1974. 67 S. DM 7,50

Die örtlichen Steuern und das Gleichartigkeitsverbot in Artikel 105 Abs. 2 a Grundgesetz. Von Dieter Bökelmann. Berlin 1974, 286 S. DM 14,—

Integration ausländischer Arbeitnehmer und ihrer Familien im Städtevergleich — Probleme, Maßnahmen, Steuerungsinstrumente. Von Peter Rothammer unter Mitarbeit von Susanne Heidtmann-Frohme, Carl Henning von Ladiges, Norbert Semmer. Berlin 1974. 414 S. DM 20,—

Archiv für Kommunalwissenschaften (AfK)
hrsg. von Hans Herzfeld, Rudolf Hillebrecht, Helmut Klages, Fritz Neumark, Hans Reschke, Ulrich Scheuner, Klaus Stern und Otto Ziebill. Erscheint seit 1962. Einzelpreis DM 26,—, Jahresabonnement DM 50,—

Informationen zur modernen Stadtgeschichte (IMS)
Erscheint seit 1970. Einzelpreis DM 3,—, Zweijahresabonnement DM 11,—

Die **Schriften des Deutschen Instituts für Urbanistik** und das **Archiv für Kommunalwissenschaften** erscheinen im W. Kohlhammer Verlag, Stuttgart; die **Aktuelle Reihe** und die **Informationen zur modernen Stadtgeschichte** im Selbstverlag des Instituts.